ISBN 978-3-649-61582-8

Hafenweg 30, 48155 Münster, Germany

Grafische Gestaltung von Manuela Altrichter

Printed in China

www.coppenrath.de

HANS KRUPPA

Wünsche ans Leben

Gedichte, Gedanken & Geschichten

MIT ILLUSTRATIONEN VON

SUSANNE KOHEIL

COPPENRATH

Inhaltsverzeichnis

II. GLAUBE AN DICH

III. WÜNSCHE ANS LEBEN

IV. DIE STIMME DES HERZENS

I. Lebe den Augenblick

Atem

Am Ufer des Baches sitze ich und genieße
das Flüstern des Windes in den Bäumen,
das Gleiten der weißen Wolken am Himmel,
den Fluß des Wassers, den Tanz der Gräser.

Alles ist in schöner Bewegung, alles fließt,
ohne sich zu fragen, warum oder wohin,
folgt einfach dem Sinn, der es erfüllt.

Und ich schließe mich ihm an,
lege mich ins Gras,
vergesse meinen Namen, meine Gedanken,
bin nur noch Atem,
der tief und langsam geht –
ins Herz des Augenblicks.

Urlaub

Ich hab die Zeitung nicht gelesen,
die Nachrichten nicht gesehen,
weiß nicht, was heute
in der Welt passiert ist,
bin den Katastrophen
aus dem Weg gegangen,
hab keine Ahnung, wer wo
und warum ums Leben kam.
Nicht mal die Post hab ich geholt,
und als es eben klingelte,
habe ich das überhört.

Ich liege entspannt,
fühle mich wohl in meiner Haut
und denke an nichts Böses.
Im Grunde denke ich
an gar nichts –
grenzenlos gedankenlos
in meinem Urlaub
von der Wirklichkeit.

Hier und Jetzt

Umarme die Gegenwart!
Laß dich
in den Augenblick fallen!
Und das Morgen
wird zum Heute,
das Irgendwo und Irgendwann
zum Hier und Jetzt!

Das Leben ist voller Glücksmomente

Ein Mann kam zum Meister und fragte ihn: „Was ist der Sinn des Lebens?"

„Der Sinn des Lebens besteht darin, glücklich zu sein."

„Aber wie werde ich glücklich? An manchen Tagen bin ich traurig und deprimiert, und die Sonne des Glücks will nicht scheinen."

„Die Sonne des Glücks scheint immer", sagte der Meister. „Sie verbirgt sich nur öfter hinter den Wolken. Wenn du das einmal erkannt hast, kannst du sie auch hinter den Wolken sehen."

Der Mann dachte eine Weile nach. Dann stellte er fest: „Dazu gehört aber eine gewisse Phantasie."

Der Meister lachte. „Natürlich. Phantasie ist eine Voraussetzung des Glücks. Und die Fähigkeit, sich an den kleinen Dingen des Alltags zu erfreuen. Nichts für selbstverständlich zu halten. Und jeden Tag als eine Reise zu begreifen, auf der man Dinge entdecken kann, die Freude schenken."

Ohne daß es ihm bewußt war, begann der Besucher zu lächeln.

„Das Leben ist voller Glücksmomente", ergänzte der Meister. „Und die Sonne scheint immer. Wenn du das nie vergißt, dann vergißt dich das Glück auch nie!"

Laß den Moment entscheiden

Denk nicht zuviel an die Zukunft –
das hindert dich,
die Gegenwart zu leben.
Konzentriere dich nicht zu sehr
auf deine Absichten –
laß den Moment entscheiden,
was richtig für dich ist.
Das mag etwas
völlig Überraschendes sein.

Leben ist die Kunst,
unsichtbaren Zeichen zu folgen,
unhörbaren Worten.

Seelenfest

Ich wünsche dir das,
wofür es keine Worte gibt,
was dich sprachlos macht
vor lauter Glück,
was die Gedanken
stillstehen läßt –

und der Augenblick
wird zum Seelenfest.

Wenn es soweit ist

Freue dich nicht
allzu sehr auf Ereignisse,
die vielleicht nicht eintreten.
Hab keine Angst
vor Problemen,
die vielleicht gar nicht entstehen.
Öffne die Tür,
wenn du vor ihr stehst.

Die Verwandlung

Eine Legende, deren Herkunft umstritten ist, erzählt eine Begebenheit aus dem Leben des Erleuchteten Gautama Buddha. Einer der zahlreichen Jünger, die Buddha schon zu seinen Lebzeiten folgten, war ein Mann mittleren Alters, dessen Name nicht überliefert ist. Es heißt, er habe als Schnitzmeister gearbeitet, bevor er sein Dorf verließ, um sich Buddha anzuschließen und seiner Lehre zu folgen.

Eines Tages schenkte jener Jünger dem Erleuchteten eine eigenhändig aus Ebenholz geschnitzte Statue, die Buddha im Lotussitz bei der Meditation darstellte. Ihre makellose Schönheit erregte die Bewunderung aller Anwesenden.

Es heißt, daß Buddha die schwarzbraune Statue in die Hände nahm, sie eine Weile lächelnd betrachtete und sie dann dem Mönch mit den leisen Worten zurückgab: „Du hast die Form geschaffen, ich habe den Inhalt hineingegeben. Ebenholz hat ein langes Leben."

Der Schnitzmeister, ein immer ruhiger, ernster Mann, brach zur Überraschung aller Anwesenden in fröhliches Gelächter aus. Er nahm die Statue in beide Hände, hielt sie wie eine Trophäe über seinem Kopf und tanzte mit ihr so ausgelassen im Gras, daß alle ihn verwundert betrachteten. Nur Buddha lächelte.

Es heißt, von diesem Tag an habe der Mönch die Buddha-Statue gehütet wie seinen Augapfel. Er führte den Rest seines Lebens im Geist Buddhas und wurde ein mitfühlender, weiser Mann, zu dem viele Menschen mit ihren tiefsten Fragen kamen. Und niemand ging von ihm, ohne sich im Innersten berührt und reich beschenkt zu fühlen.

Da er überraschend starb, nahm er sein Wissen um die Besonderheit der Statue mit in den Tod.

Sein Neffe erbte die Statue, ohne ihr Geheimnis zu kennen, und verkaufte sie, da er in Geldnöten war, sogleich an einen Kunsthändler.

Diese kniehohe Ebenholz-Statue des Erleuchteten befand sich nun nach einer langen Reise durch unzählige Hände und Länder in einem stadtbekannten Antiquitätengeschäft.

Kahelo, der vierzigjährige Besitzer, hatte sie vor wenigen Stunden einem ärmlich gekleideten, aber glücklich wirkenden jungen Mann abgekauft, der erheblich weniger für die Statue verlangte, als sie in Kahelos Augen wert war. Und als Kahelo die ohnehin schon bescheidene Forderung des Verkäufers noch auf die Hälfte herabsetzte, versuchte der junge Mann seltsamerweise nicht zu handeln, sondern nickte nur lächelnd, nahm wortlos das wenige Geld entgegen, das der Antiquitätenhändler ihm geboten hatte, verabschiedete sich freundlich und ging. Kahelo sah ihm verwundert nach und schüttelte unwillkürlich den Kopf. Die Menschen, die in sein Geschäft kamen, um etwas zu verkaufen oder zu kaufen, waren sich nicht zu schade, um den Preis zu feilschen. Meistens endete es damit, daß der Kunde glaubte, ein gutes Geschäft gemacht zu haben – ein Glaube, den Kahelo ihm geschickt einflößte. Er war ein überaus tüchtiger Geschäftsmann, der gelernt hatte, wie man Kunden beeinflußt, mit denen man verhandelt.

Diese wunderschöne Buddha-Statue war zweifelsohne ein sehr gutes Geschäft. Er würde bei ihrem Verkauf das Zwanzigfache, wenn nicht Dreißigfache des Einkaufspreises erzielen. Innerlich mußte er über die Einfalt des jungen Mannes lachen. Die Dummheit der Menschen ist der beste Nährboden für mein Geschäft, dachte Kahelo, so war es, und so wird es immer sein.

Er zog seine Lupe aus der Schublade und unterzog die Statue einer näheren Prüfung. Sein geschultes Auge erkannte, daß dieses Meisterwerk der Schnitzkunst Jahrhunderte überdauert und sich dabei in einem makellosen Zustand gehalten hatte. Es ist das Schicksal aller Statuen, daß sie im Lauf ihres Lebens von ungeschickten Händen fallen gelassen werden und sich dabei kleine Beschädigungen zuziehen. Diese Statue schien nie zu Boden gefallen zu sein, als hätten die Hände, durch die sie im Lauf ihrer Geschichte gewandert sein mußte, etwas gemeinsam gehabt: Achtsamkeit.

Das Beeindruckendste an dem hölzernen Buddha war sein Gesichtsausdruck, der vollkommene Glückseligkeit widerspiegelte. Je länger Kahelo das Statuengesicht betrachtete, desto mehr zog ihn dieses erfüllte Lächeln in Bann. Ohne daß es ihm bewußt war, begann er selbst zu lächeln – auf eine ganz andere Weise, als er es tat, wenn es darum ging, einen Kunden zu blenden. Es war ein Lächeln, das aus seinem Herzen kam, aber weil Kahelo schon seit langer Zeit die Verbindung zu seinem Herzen verloren hatte, spürte er es nicht.

In diesem Augenblick betrat eine wohlhabende Dame in seinem Alter, die schon lange seine Kundin war, Kahelos Geschäft – und seltsam, gleich ihr erster Blick fiel auf die Statue auf dem Schreibtisch des Händlers.

„Sei gegrüßt, Kahelo. Oh, ich sehe, du hast da eine interessante Buddha-Statue. Das wäre vielleicht das richtige Geschenk für meinen Mann. Er hat übermorgen Geburtstag, und ich habe noch nichts für ihn gefunden."

„Ich grüße dich, Leta. Ja, das ist in der Tat eine interessante Statue. Sie ist jahrhundertealt und dabei erstaunlicherweise völlig unbeschädigt geblieben."

Leta berührte die Statue und rückte sie so zurecht, daß sie ihr Gesicht sehen konnte, was Kahelo zu seiner Verwunderung nicht behagte. Und er beschloß, zu seiner noch größeren Verwunderung, sie nicht an seine Kundin zu verkaufen.

„Sie hat einen verzückten, entrückten Gesichtsausdruck. Wer auch immer sie geschnitzt hat, er war ein Meister seines Faches. Was soll sie kosten?"

„Es tut mir leid, aber sie ist nicht verkäuflich."

Leta warf Kahelo einen ebenso überraschten wie befremdeten

Blick zu. „Das ist das erste Mal, daß ich solche Worte aus deinem Mund höre, Kahelo, und ich bin seit zehn Jahren deine Kundin. Soll das heißen, daß sie wirklich nicht verkäuflich ist oder nur zu einem angemessenen Preis?"

„Ich verkaufe sie nicht. Sie steht hier nur, weil ich ..."

Kahelo wußte nicht weiter. Auch das war ihm, dem großen Meister der kleinen Lügen und Ausreden, noch nie passiert – daß er einem Kunden eine Ausflucht schuldig geblieben war.

Leta sah ihn mit gerunzelter Stirn an. „Geht es dir nicht gut, Kahelo?"

Der Geschäftsmann nickte verlegen. „Ja, ich fühle mich in der Tat etwas seltsam. Ich denke, ich werde mein Geschäft besser für den Rest des Tages schließen."

„Gut. Ich komme morgen früh wieder. Bis dahin überlege dir bitte, ob du mir die Statue nicht vielleicht doch verkaufen möchtest", sagte Leta und machte ihm ein Angebot, das dem Dreißigfachen seines Einkaufspreises entsprach.

„Ich werde sie nicht verkaufen."

„Ich komme trotzdem. Manchmal ändern sich die Dinge über Nacht."

Als Leta gegangen war, schloß Kahelo die Ladentür ab, nahm die Buddha-Statue und ging mit ihr in das Stockwerk über dem Geschäft, wo er wohnte. Er setzte sich auf seinen Lieblingssessel und stellte das antike Kunstwerk vor sich auf den Tisch.

Wieder zog ihn der entrückte Gesichtsausdruck des Erleuch-

teten in Bann. Während er ihn mit wachsender Faszination betrachtete, schien die Welt um ihn herum mehr und mehr zu verschwimmen, als legte sich ein dichter Nebel über alle Dinge – nur das Gesicht des Buddha strahlte wie ein Kerzenlicht in einem dunklen Raum und wurde immer heller und schöner.
Kahelo konnte seinen Blick nicht von diesem Licht abwenden, und je länger er es betrachtete, desto mehr erschien es ihm, als wollte das leuchtende Gesicht der Statue ihm etwas zeigen.
Er fühlte, wie ein nie gekanntes Empfinden von ihm Besitz ergriff, und plötzlich war es ihm, als würde er sich und sein bisheriges Leben in einer Klarheit erkennen, die ihn verblüffte und zugleich erschreckte. Dieser überraschende freie Blick auf sich selbst, das spürte Kahelo ohne Zweifel, war ein Geschenk, das diese geheimnisvolle Buddha-Statue ihm machte – ein Geschenk, das er annehmen oder ablehnen konnte. Kahelo entschied sich, über die Hürde seiner Angst zu springen und es anzunehmen.
Unwillkürlich schloß er die Augen und sah sich als jungen Mann im Alter von dreiundzwanzig, er sah seinen besten Freund Motu – und er sah Ayala, die einzige Frau, die er in seinem Leben geliebt hatte. Er seufzte und spürte, wie Tränen über seine Wangen liefen, Tränen der Trauer über eine tiefe seelische Verletzung, die noch immer nicht geheilt war.

Das Schicksal hatte sich Kahelo gegenüber stiefmütterlich gezeigt, als es um die Verteilung körperlicher Vorzüge ging. Er hatte ein Gesicht, das zwei Merkmale aufwies, die es für viele Menschen unansehnlich machten: eine schief gewachsene Nase und eine Hasenscharte.

Schon in seiner Kindheit war kaum ein Tag vergangen, an dem er nicht von den Nachbarskindern wegen seiner körperlichen Mängel gehänselt und verspottet wurde, aber mit den Jahren hatte er sich eine dicke Haut zugelegt und parierte die Spötteleien und verletzenden Zurufe mit den Worten „Besser häßlich als dumm“, was ihm manchen Faustschlag einbrachte, aber sein Selbstbewußtsein vor dem Erlöschen bewahrte.

Als junger Mann hatte sich Kahelo damit abgefunden, daß die meisten Frauen, die ihm auf seinen Wegen durch die Stadt entgegenkamen, schnell den Blick von ihm abwandten und so taten, als hätten sie ihn nicht wahrgenommen.

„Warum bestrafst du mich so für mein Äußeres“, hätte er gern mancher von ihnen hinterhergerufen. „Ja, ich habe eine schiefe Nase und eine Hasenscharte, aber ich habe einen klaren Verstand und ein liebesfähiges Herz, was man von vielen Männern, denen du dein Lächeln schenkst, nicht behaupten kann.“

Aber er hatte es nie gewagt, er hatte immer geschwiegen und so getan, als hätte er ihn nicht bemerkt, diesen feigen, verschreckten Blick, der nicht den Mut aufbrachte, den Menschen hinter dem unansehnlichen Gesicht zu entdecken.

Doch schließlich begegnete er mit Ayala einer Frau, die diesen Mut aufbrachte. Ihr Blick ließ sich nicht von seinen Mängeln

abschrecken, suchte die unsichtbaren Vorzüge Kahelos und wurde fündig.
„Du bist der erste Mann, bei dem ich so sein kann, wie ich wirklich bin“, gestand sie ihm einmal, als sie sich einen Monat kannten. Sie gingen am Ufer des Flusses spazieren, der durch die Stadt strömte, und als Ayala Kahelos Hand nahm, als sei es selbstverständlich, wurde es ihm warm ums Herz und hell in der Seele, und er spürte zum ersten Mal in seinem Leben, was es bedeutet, glücklich zu sein.
Seine Gedanken kreisten von nun an ständig um Ayala, und es fiel ihm schwer, seinen täglichen Pflichten als Buchhalter eines Juweliers mit der erforderlichen Aufmerksamkeit nachzukommen. Schon morgens fieberte er der Verabredung mit seiner Freundin entgegen, mit der er sich mehrmals in der Woche traf. Und nach jeder neuen Begegnung war es ihm, als wären Ayala und er sich ein weiteres Stück nähergekommen, und in seinen Träumen umarmten und küßten sie sich voller Leidenschaft. Dabei hatte es, abgesehen von dem Spaziergang Hand in Hand, noch keine körperliche Vertrautheit zwischen ihnen gegeben, aber Kahelo war voller Hoffnung, daß sich die Freundschaft eines wunderbaren Tages in eine Liebe verwandelte, die seine tiefsten Sehnsüchte stillen würde.
In diese Zeit fiel die Geburtstagsfeier seines besten und wohl auch einzigen Freundes Motu, zu der er in Begleitung von Ayala erschien. Seinem verliebten Blick entging, daß sich in dem

Moment, als er Ayala und Motu miteinander bekannt machte, etwas zwischen den beiden ereignete, das seinen hochfliegenden Träumen ein jähes und bitteres Ende setzen sollte.

Er spürte bei den folgenden Begegnungen mit Ayala nur, daß sich etwas verändert hatte. Sie wirkte immer häufiger geistesabwesend, nahm ihn auch nicht mehr bei ihren gemeinsamen Spaziergängen bei der Hand, doch wenn er sie fragte, ob sie etwas beschäftigte oder bedrückte, schüttelte sie ihren Kopf.

Dann kam der Tag, der sein Leben aus der Bahn warf. Kahelo verließ am späten Nachmittag sein Büro, und das schöne Wetter veranlaßte ihn, nicht den direkten Weg zu seiner kleinen Wohnung zu nehmen, sondern einen Umweg durch den Stadtpark zu wählen, wo der Frühling vielen Bäumen eine prachtvolle Blüte beschert hatte.

Unter einem dieser Bäume lag ein Liebespaar eng umschlungen im Gras – ein Anblick, der Kahelo unwillkürlich zum Lächeln brachte. Doch als er näher kam, verschwand das Lächeln aus seinem Gesicht und machte einem namenlosen Schrecken Platz, der ihm das Gefühl gab, nicht mehr atmen zu können – denn die beiden Liebenden unter dem blühenden Kirschbaum waren Ayala und sein Freund Motu.

Sie waren so sehr in einen leidenschaftlichen Kuß versunken, daß sie Kahelo nicht wahrnahmen, obwohl er nur wenige Schritte vor ihnen stand, wie zur Salzsäule erstarrt. Ein Giftstachel bohrte sich in sein Herz und tötete mit seinem Stich alles Leben, alle Hoffnung in ihm.

Noch am selben Abend packte Kahelo einen Koffer mit seinen wichtigsten Habseligkeiten und verließ auf Nimmerwiedersehen die Stadt seiner Geburt und seines inneren Todes.

Von diesem Tag an war sein Glaube an die Liebe und die Freundschaft erloschen, aber sein Lebenswille war stark genug, um nicht an der Enttäuschung zu zerbrechen, die sein Herz versteinert hatte.

Mit viel Fleiß und Geschick gelang es ihm, in der neuen Stadt Fuß zu fassen. Nach sieben Jahren harter Arbeit bei verschiedenen Brotherren, in denen er sich dank seiner bescheidenen Lebensart eine ausreichende Summe zusammengespart hatte, machte er sich als Antiquitätenhändler selbständig.

Er führte sein Geschäft so umsichtig und tüchtig, daß er es nach weiteren neun Jahren zum erfolgreichsten Vertreter seines Berufsstandes gebracht hatte, dem man nachsagte, einer der reichsten Männer der Stadt zu sein, weil er nur eine Liebe kenne – die zum Geld.

Als Kahelo in die Gegenwart zurückkehrte und die Augen öffnete, fiel sein erster Blick auf das lächelnde Gesicht der Buddha-Statue, und er spürte voller Freude, wie etwas sich in seinem Herzen regte, das er seit der Flucht aus seiner Heimatstadt für tot gehalten hatte. Und er verstand voller Dankbarkeit, daß

Buddhas Lächeln ihn von seiner inneren Erstarrung wie von einem bösen Fluch befreit hatte.

Er beugte sich vor und küßte die Statue.

Dann ging er ins Schlafzimmer, öffnete seinen Tresor, dem er so viel Geld entnahm, wie eben in seine Hosen- und Jackentaschen paßte, und verließ sein Haus.

Als er auf der Straße stand, kam die Sonne hinter einer dunklen Wolkenwand hervor, als wollte sie Zeuge seiner Verwandlung sein.

Mit dem Glück, das sein aus totengleichem Schlaf erwecktes Herz ihm schenkte, ging eine Dankbarkeit Hand in Hand, die keinen Aufschub duldete. Mit schnellen Schritten machte er sich auf einen ziellosen Weg durch die Straßen. Begegnete er einem Menschen, der so aussah, als besäße er gerade das Nötigste, griff er in seine Tasche, drückte ihm ohne Worte Geld in die Hand und ließ ihn mit seiner Überraschung allein, schon auf dem Weg zu dem nächsten Passanten, dem er seine auf so wunderbare Weise gewonnene Erfahrung zeigen konnte, daß der Geiz in einem erwachten Herzen keinen Halt mehr findet.

Zum ersten Mal seit so vielen Jahren sah Kahelo die Menschen nicht mehr als bloße Träger ihres Geldbeutels, sondern als einzigartige, verletzliche und vom Leben oft hart geprüfte Wesen, die Mitgefühl und Großzügigkeit verdienten. Er sah in ihre Augen und erkannte ihre enttäuschten Sehnsüchte, ihre gescheiterten Hoffnungen, und jedes Mal, wenn diese Augen in ungläubiger Freude über die Großzügigkeit eines Fremden aufglänzten, durchströmte ihn ein nie gekanntes Glücksgefühl. Kahelo verschenkte sein Geld bei seinem rauschhaften Gang durch die Stadt, verteilte es an alle ärmlich gekleideten, sorgenvoll wirkenden Frauen und Männer, die ihm über den Weg liefen. Er fühlte sich so beschwingt und innerlich frei wie nie zuvor in seinem Leben, und je leerer seine Taschen wurden, desto mehr füllte sich sein Herz mit überschäumender Lebensfreude.

Am nächsten Morgen betrat Leta sein Geschäft mit den Worten: „Sei gegrüßt, Kahelo. Wie versprochen – hier bin ich wieder. Hast du dir inzwischen überlegt, ob du mir die Buddha-Statue verkaufst?"

Kahelo erwiderte ihren Gruß. „Ja, Leta, ich habe es mir überlegt. Du hattest recht – manchmal ändern sich die Dinge über Nacht. Gedulde dich bitte einen Augenblick."

Mit einem Schmunzeln über Letas verwundertes Gesicht ging der Verwandelte in seine Wohnung hoch, kehrte mit der Buddha-Statue in den Armen zurück und stellte sie auf seinen Schreibtisch mit den Worten: „Dies ist eine ganz besondere Statue."

„Soll das heißen, daß du einen höheren Preis für sie verlangst?"

Kahelo schüttelte den Kopf. „Nein – ich schenke sie dir."

„Wie bitte? Stimmt etwas nicht mit dir?"

„Jetzt stimmt alles. Vorher stimmte alles nicht."

Leta musterte ihn befremdet und schüttelte unwillkürlich den Kopf. „Du willst mir wirklich diese wertvolle Statue schenken? Ich verstehe dich nicht! Du weißt, daß es mir und meinem Mann nicht gerade an Geld mangelt."
„Eben deshalb schenke ich sie dir."
Leta runzelte die Stirn und sah ihn an, als würde sie an seinem Verstand zweifeln.
Der Verwandelte lächelte auf eine Weise, die sie noch nie an ihm gesehen hatte, und überreichte ihr die Buddha-Statue.
„Komm morgen wieder zu mir! Ich bin sicher, daß du mich dann verstehen wirst."
„Das kann ich mir nicht vorstellen", erwiderte Leta.
„Komm trotzdem! Du weißt doch – manchmal ändern sich die Dinge über Nacht."

Lebe den guten Augenblick

Lebe den guten Augenblick,
genieße das schöne Gefühl,
vertage das Lebenswerte nie auf morgen.
Morgen kommt zu spät.

Das wahre Leben ereignet sich
immer in der Gegenwart.
Nur in der Tiefe des Augenblicks
findest du seinen Sinn
und seine Schätze.

Wenn Worte überflüssig werden

Wenn Worte überflüssig werden,
weil der Augenblick
bis an den Rand
mit Sinn gefüllt ist,

beginnt das Leben
unwiderstehlich
von sich zu erzählen
und führt uns
mitten hinein in
faszinierende Geschichten –

wenn wir nur lauschen.

Das geschenkte Motto

Ein Mann, der auf die Sechzig zuging, gestand dem Meister: „Nachdem eine Frau, für die ich als junger Mann große Liebe empfunden habe, mich im Stich gelassen hatte, habe ich mich enttäuscht und verbittert von der Liebe abgewandt und meine ganze Kraft darauf gerichtet, reich zu werden. Nun bin ich einer der reichsten Männer der Stadt, habe Einfluß, Ansehen und Macht. Doch gestern abend, als ich auf der Terrasse meiner Villa saß, wurde mir bewußt, daß ich unglücklich und einsam bin. Daß ich falsch gelebt habe. Daß all mein Geld, mein Besitz und meine Macht mich nicht länger darüber hinwegtäuschen können, daß mein Leben leer und lieblos ist."

„Ich ziehe den Hut vor deiner Einsicht, die sicherlich viel Mut von dir gefordert hat", sagte der Meister. „Den allerwenigsten Menschen gelingt es, sich in fortgeschrittenem Alter einzugestehen, daß sie falsch gelebt haben. Du hast einige Jahrzehnte deiner Lebenszeit vergeudet, doch noch bist du kein Greis. Noch bleibt dir Zeit."

„Ist es denn nicht schon zu spät?"

„Es ist nie zu spät, ein neues Leben zu beginnen, wenn man erkannt hat, daß das alte ein Irrtum war. Selbst wenn du nur noch ein paar Monate zu leben hättest, wäre es nicht zu spät für dich. Ein einziger Tag, der einfach nur um seiner selbst willen gelebt wird, kann unsagbar lang sein."

Der Besucher nickte zustimmend und sagte: „Ich wußte, daß ich dich nicht ohne ein wertvolles Geschenk verlassen würde."

Der Meister zog vor Überraschung die Augenbrauen hoch. „Aber ich habe dir nichts geschenkt."

„Doch!" erwiderte der Besucher. „Du hast mir das Motto meines zukünftigen Lebens geschenkt: Den Tag um seiner selbst willen leben!"

Lebensgefühl

Nutze den
magischen Augenblick,
der dir die Tür öffnet
in ein Lebensgefühl,
das dich erfüllt
und inspiriert.

Langes Zögern
ist sicheres Scheitern.

Die Kunst des Vergessens

Vergiß die guten
und die schlechten Träume
der letzten Nacht.
Vergiß den letzten Tag,
wie schön oder mißlungen
er auch war.
Vergiß die letzte Woche,
den letzten Monat,
das letzte Jahr –
es ist alles vorbei!

Und fang
den neuen Morgen an
wie ein Kind,
für das nur zählt,
was hier und jetzt geschieht.

Das innere Kind

„Manchmal habe ich das Leben so satt!“ klagte eine Frau ihrer besten Freundin. „Es besteht nur aus Wiederholungen! Den verdammten Wecker hören, aufstehen, duschen, anziehen, zur Arbeit gehen, nach Hause zurückkommen, Abendessen, Fernsehen – und wieder ins Bett gehen. Gut, nicht jeder Tag ist so, aber die allermeisten. Manchmal hab ich das Gefühl, daß ich gar nicht mehr ich selbst bin. Daß ich nur noch wie ein Roboter täglich aufs neue die gleichen Dinge tue, ohne zu spüren, daß ich wirklich lebe.“

„Ich weiß, was du meinst“, erwiderte ihre Freundin. „Es geht mir genauso. Ich habe noch vor kurzem darüber nachgedacht, was man machen kann, um sich gegen die Macht der ewigen Wiederholungen zu wehren.“

„Und – hast du etwas herausgefunden?“

„Ja. Man muß versuchen, das, was man zum tausendsten Mal tut, so zu tun, als wäre es das erste Mal.“

Ihre Freundin hob abwehrend die Hände. „Ja, man kann natürlich so tun. Aber letztlich betrügt man sich doch nur selbst, weil man insgeheim genau weiß, daß man es zum tausendsten Mal tut.“

„Nein!“ erntete sie Widerspruch. „Wenn man sich mit Haut und Haaren und mit offenen Sinnen in die Situation hineinbegibt, dann ist da etwas, das stärker ist als die Routine.“

„Und was ist das?“

„Ich weiß nicht, wie ich es benennen soll“, gestand die Freundin und zuckte mit den Schultern.

„Versuche es!“

„Das innere Kind! Ja, man muß sein inneres Kind ans Ruder lassen“, erwiderte sie nach längerem Nachdenken. „Man muß den Augenblick mit den Augen des Kindes betrachten, das man einmal war, aber das man auch wieder sein kann, wenn man sich ganz und gar auf die Gegenwart einläßt. Es gelingt mir nicht immer. Aber wenn es mir gelingt, fühle ich mich glücklich.“

Zeitgefühl

Denke in
den schönen Stunden
nie an ihre Vergänglichkeit.

Dazu sind
die schlechten da.

Dieser Augenblick

Dieser Augenblick,
nicht der vergangene
oder der kommende,
der jetzige Augenblick
ist die einzige Tür
ins wahre Leben.

Öffne sie augenblicklich –
oder du öffnest sie nie.

Der gute Rat des Todes

Der Tod erschien einer jungen Frau in ihrem Traum und sagte: „Erschrick nicht zu sehr, denn dies ist nur ein Traum, auch wenn ich dir die Wahrheit sagen werde!“

Nachdem sie ihren Schrecken überwunden hatte, siegte ihre Neugier, und sie fragte den Tod: „Was willst du von mir?“

„Dein Leben“, sagte er. „Leider muß ich es dir früher nehmen, als dir lieb ist. Denn ich weiß, daß du sehr gerne lebst.“

Die Frau erschrak aufs neue, diesmal noch tiefer. „Aber warum?“ fragte sie, den Tränen nah. „Ich bin doch noch so jung!“

„Das Alter spielt für mich keine Rolle“, erklärte der Tod. „Gestern habe ich einen zweijährigen Jungen abholen müssen. Und manche Menschen werden hundert Jahre alt, ohne mich kennenzulernen. So ist es nun mal.“

„Aber warum?“ fragte die junge Frau erneut voller Verzweiflung. „Ist es meine Schuld? Werde ich für einen Fehler bestraft?“

„Warum? Weil es nun mal so ist“, erwiderte der Tod. „Es hat keinen Grund. Du hast nichts falsch gemacht.“

„Und warum sagst du mir das?“

„Damit du dich darauf vorbereiten kannst. Sofern du dich an diesen Traum erinnern wirst. Sofern du dich an ihn erinnern willst. Darum lebe ab jetzt so, als sei jeder Tag dein letzter. Was man, nebenbei gesagt, ohnehin tun sollte.“

Am nächsten Morgen wurde die Frau wach und erinnerte sich an einen Traum, in dem der Tod mit ihr gesprochen hatte. Aber so sehr sie sich auch anstrengte, sie konnte sich nicht mehr an den Inhalt des Gespräches erinnern. Das einzige, woran sie sich erinnern konnte, war ein Rat, den der Tod ihr gegeben hatte: So zu leben, als sei jeder neue Tag der letzte. Die junge Frau empfand dies als einen sehr guten Ratschlag und bemühte sich jeden Tag aufs neue, keine Stunde ihrer wertvollen Lebenszeit mit sinnlosen Beschäftigungen, vergeblicher Liebesmüh oder dummen Streitigkeiten zu vergeuden und ihre Tage mit dem zu füllen, was ihr wirklich am Herzen lag und was ihre Seele liebte.

Ihr war ein langes und ausgefülltes Leben beschieden. Auf ihrem Grabstein stand geschrieben, daß kaum jemand das Leben so sehr geliebt hatte wie sie – und daß sie womöglich deshalb hundert Jahre alt geworden war.

Tiefe Leichtigkeit

Ich atme tief ein
und halte die Zeiger
meiner inneren Uhr
an.

Der
Augenblick
bleibt
stehen
und dehnt sich aus ins Undenkbare:
ein sonniges Gefühl,
das tiefe Leichtigkeit ausstrahlt.

Gut zu wissen:
Zeit ist das,
was ich aus ihr mache.

Magische Momente

Magische Momente –
wie sehr ich für euch lebe:
Wenn die Zeit sich vergißt
und das Sein klare Antwort
und Geheimnis zugleich ist,
überwältigend unfaßbar
und doch zum Greifen nah –

dann bin ich angekommen,
vom reinen Leben angenommen.

II. Glaube an dich

Das Beste

Es ist gut,
wenn du weißt,
was du willst.
Und es ist richtig,
wenn du versuchst,
deine Träume zu verwirklichen.

Doch werde nie
zum Sklaven deiner Wünsche
und erkenne rechtzeitig,
wenn du dir vergeblich Mühe gibst.
Das Beste kommt oft
gerade dann zu dir,
wenn du es nicht suchst.

Es findet dich,
wenn du dich gefunden hast.

Das Leben ist dein Freund

Es liegt an dir,
ob dir das Leben zu Füßen liegt
oder deine Wünsche mit Füßen tritt.
Du bist sein Partner,
du sitzt mit ihm in einem Boot
und kannst den Kurs mitbestimmen.

Das Leben ist dein Freund.
Sei freundlich zu ihm.
Und wenn du willst,
daß es dich zum Lächeln bringt,
betrachte es lächelnd.

Du bist ein Teil deines Lebens.
Sei seine bessere Hälfte!

Solange du an das Leben glaubst

„Warum sind so viele Menschen unglücklich?" fragte eine junge Frau den Meister.
„Das kann viele Gründe haben", entgegnete er. „Einer der häufigsten liegt darin, daß sie nicht so leben, wie sie leben sollen. Jeder Mensch ist einzigartig und hat einen einzigartigen Lebensweg. Doch wenn er diesen Weg nicht geht, sondern aus Unsicherheit, Angst oder Bequemlichkeit in die Fußstapfen anderer tritt, wird er unglücklich. Unglück ist oft nur ein anderes Wort für das Verfehlen des eigenen Lebenssinnes. Sei so, wie du gemeint bist, laß dich nicht verbiegen, bleib deiner Seele treu – und das Glück wird dein Freund sein!"
„Woran erkennt man glückliche und unglückliche Menschen? Viele verbergen ihr Unglück aus Scham; und manche verstekken ihr Glück, um es vor Neid und Mißgunst zu schützen", sagte die junge Frau.
„Man kann sie leicht voneinander unterscheiden", antwortete der Meister. „Unglückliche fordern, Glückliche schenken. Unglückliche wollen besitzen, Glückliche möchten lieben. Unglückliche wollen bestimmen, Glückliche lassen dem Leben seinen Lauf. Unglückliche wollen Sicherheit, Glückliche suchen das Leben. Unglückliche laufen der Zeit hinterher, Glückliche gehen mit ihr Hand in Hand."

Die Besucherin nickte lächelnd. „Wie kommt es nur, daß ich das Gefühl habe, daß das Leben selbst durch deinen Mund zu mir spricht?"
Der Meister zuckte mit den Achseln. „Ich weiß es nicht. Vielleicht, weil ich nie den Glauben an das Leben verloren habe, obwohl ich gute Gründe dafür gehabt hätte. Vielleicht, weil ich das Leben immer geliebt habe, trotz aller Schicksalsschläge, die ich hinnehmen mußte. Und wer muß sie nicht hinnehmen? Jeder Mensch wird vom Leben geschlagen, manchmal auch getreten, aber er darf nie vergessen, daß er auch vom Leben umarmt und geküßt wurde – oder noch werden kann. Solange du an das Leben glaubst, ist alles möglich."

Ändere dein Bewußtsein

Manche deiner Ängste
sind nicht nur sinnlos,
sondern oft auch schädlich.
Etwa, wenn sie verhindern,
daß du das Glück findest,
das du suchst,
indem sie dir den Mut rauben,
ins Ungewisse zu gehen.

Wenn du dein Leben ändern willst,
ändere dein Bewußtsein.
Die Dinge erscheinen dir so,
wie du sie betrachtest.
Wenn deine Betrachtungsweise
sich zum Guten wendet,
bekommt dein Leben
einen höheren Wert
und einen tieferen Sinn.

Eine Frage des Preises

Wir halten gern
an dem Gewohnten fest,
denn es gibt uns
ein Gefühl von Sicherheit.
Manchmal kostet es uns viel,
einfach loszulassen
und einen Neubeginn zu wagen.
Doch nichts käme uns
teurer zu stehen,
als in unserer Entwicklung
stehenzubleiben.

Der gefundene Schatz

Ein junger Goldschmied namens Golan beschloß, sein Leben zu ändern, nachdem er erkannt hatte, daß die allgemeine Art zu leben so sehr von grauer Oberflächlichkeit, sinnleeren Gewohnheiten und hohlem Gerede bestimmt war, daß sie nur falsch sein konnte.
Er konnte nicht verstehen, daß kaum ein Mensch in der ganzen Stadt sich die Frage nach dem Sinn seines Daseins stellte und nach befriedigenden Antworten suchte. Das Leben war doch mehr als eine zwangsläufige Folgeerscheinung der Geburt, es war ein zu lüftendes Geheimnis, ein zu lösendes Rätsel, ein zu findender Weg.
So gab Golan seinen Beruf auf, verkaufte alle Habseligkeiten, packte seinen Rucksack und verließ die Stadt, weil seine innere Stimme ihm sagte, daß er dort nicht finden würde, was er suchte.
Drei Jahre lang zog er durch das Land, in denen er vielen Menschen begegnete, darunter auch manchen, die – wie er – auf der Suche nach dem eigentlichen Sinn des Lebens waren. Mit einigen von ihnen freundete er sich an, und sie wurden seine Reisegefährten, bis ihre Wege sich wieder trennten. Von jeder Begegnung nahm Golan etwas mit, das sein Herz erfrischte und seinen Geist bereicherte.
Doch seine tiefsten Fragen blieben unbeantwortet.

Wenn er Geld benötigte, nahm er irgendwo eine Gelegenheitsarbeit an und zog bald wieder weiter, in der Hoffnung, daß sich eines Tages sein Traum erfüllen würde, den er in der Nacht vor seinem Aufbruch gehabt hatte. Darin war er einem weisen Mann begegnet, der ihm klare Antworten auf die wichtigsten Fragen gab, die ihm auf der Seele lagen.
Es sollten aber noch zwei weitere Jahre vergehen, bis seine Hoffnung sich erfüllte – Jahre, in denen er immer öfter von dem Gefühl geplagt wurde, daß seine Suche vielleicht vergeblich war und er sie schließlich ermüdet aufgeben und sich mit dem begnügen würde, was der großen Mehrzahl aller Menschen offensichtlich genügte – ein Leben ohne tieferen Sinn, ohne höhere Bedeutung.

Eines Nachmittags wanderte Golan durch ein grünes, weitläufiges Tal, durch das sich ein schmaler Fluß schlängelte.
Zu seiner Überraschung erblickte er nach einer Wegbiegung ein hinter Bäumen und blühenden Sträuchern verstecktes kleines Holzhaus, auf dessen Terrasse ein älterer Mann saß, der auf ihn zu warten schien – als habe Golan ihm seinen Besuch angekündigt. Der Mann winkte freundlich und forderte ihn mit einer Handbewegung auf, zu ihm zu kommen.
Golan zögerte nicht, der Einladung zu folgen.

„Willkommen. Mein Name ist Kalim. Ich habe letzte Nacht geträumt, daß du mich heute besuchen würdest“, eröffnete der Mann das Gespräch, „also habe ich heute morgen einen zweiten Stuhl auf die Terrasse gestellt.“

Sprachlos vor Verwunderung fühlte Golan sein Herz im Hals klopfen, während er sich zu dem Mann setzte und nach den richtigen Worten suchte. „Ich heiße Golan“, sagte er schließlich, „und bin auf der Suche nach dem wahren Leben.“

Kalim, der etwa doppelt so alt wie Golan sein mochte, sich aber die strahlenden Augen eines lebensfrohen jungen Mannes bewahrt hatte, nickte lächelnd. „Ich weiß. Du hast mich gefunden, weil ich es gefunden habe. Ich habe es – wie du – jahrelang auf abenteuerlichen Reisen gesucht, bis ich vor etwa zehn Jahren in diesem wunderschönen Tal entdeckte, daß das wahre Leben in mir selbst verborgen lag. Also habe ich mir dieses kleine Haus gebaut und bin hier geblieben.“

Golan spürte eine seltsame Erregung in sich wachsen. „Du hast das wahre Leben gefunden? Ja, ich sehe es in deinen Augen. Sie blicken bis auf den Grund der Schöpfung. Ich ziehe nun schon seit fünf Jahren durch dieses große Land und suche es noch immer. Zu Beginn meiner Reise habe ich von einem Mann geträumt, den ich eines Tages finden würde. Er hatte deine Augen.“

Kalim lächelte versonnen. „Unsere Träume sind oft die Wegweiser unserer Seele. Sie sagen uns, was wir eigentlich wollen

und wer wir wirklich sind. Du wirst in den fünf Jahren deiner Wanderschaft manches erlebt und gelernt haben."
„Ich habe so manche Erkenntnisse über mich und die Menschen gewonnen. Und in besonderen Augenblicken fühlte ich mich dem wahren Leben nah – doch immer wieder entfernte ich mich von ihm, ohne es zu wollen."
„Ja, so ist es auf dieser Art von Suche – und viele geben sie leider zu früh auf, weil sie müde sind und die Hoffnung verlieren. Doch das Finden geschieht meistens unverhofft. Oft kann das, was wir uns am meisten wünschen, sich erst ereignen, wenn wir die Hoffnung aufgegeben haben, daß es geschehen wird. Wer hofft, lebt für die Zukunft, für ein Ziel, und das hindert ihn daran, ganz und gar im Augenblick aufzugehen. Aber gerade darauf kommt es an, denn nur in der vollkommenen Gegenwärtigkeit offenbart sich das wahre Leben."
„Ich habe immer nur einen flüchtigen Blick darauf werfen können, ich konnte seinen Zauber, seinen Glanz erahnen – doch dann verlor ich es wieder und wieder", sagte Golan. „Dabei sollte es doch nicht schwierig sein, einfach in der Gegenwart zu bleiben."
„Das Leichteste ist oft das Schwierigste", erwiderte Kalim. „Wenn du im wahren Leben bist, siehst du allerdings keinen Unterschied mehr zwischen leicht und schwierig, denn alles ist im Grunde eins. Du findest deinen Weg mit derselben Natürlichkeit und Sicherheit wie dieser Fluß, an dessen Ufer sich

meine inneren Augen öffneten und ich erkannte, daß ich das wahre Leben überall entdecken kann, wenn ich es einmal in mir gefunden habe. Bis zu diesem Zeitpunkt hatte ich es überall gesucht und nirgendwo gefunden. Es war seltsam festzustellen, daß ich jahrelang umhergereist war, um schließlich zu erkennen: Ich hätte mich nicht von der Stelle bewegen müssen, um zu finden, was ich gesucht hatte. Und doch mußte ich es."

„Das klingt widersprüchlich", erwiderte Golan.

„Es klingt nur so, weil es dem Verstand so erscheint", erklärte Kalim. „Doch der Verstand täuscht sich – und jeden, der ihm folgt. Nur die Seele kennt den Weg ins Eigentliche."

Kalim stand von seinem Stuhl auf, ging einige Schritte und blickte auf den Fluß hinunter. „Dort saß ich damals am Ufer, sehr müde und enttäuscht von der Vergeblichkeit meiner langen Reise, voller Zweifel und düsterer Gedanken, und blickte auf die Oberfläche des Wassers. Plötzlich kam die Sonne hinter einer dunklen Wolke hervor. Ihr Licht fiel mit einem Schlag auf den Fluß und spiegelte sich mit einem übermütig tanzenden Glitzern wider. In diesem Augenblick bekam ich die langersehnte Antwort auf meine Frage nach dem richtigen Weg. Ich erkannte in der dunklen Wolke meine eigenen Gedanken, mehr noch, meinen Verstand schlechthin, der wie diese Wolke sich vor die Sonne meiner Seele geschoben hatte – und nun plötzlich zur Seite wich und mir das Licht offenbarte, das unentwegt in meiner eigenen Seele strahlt. In diesem wundervollen Augenblick wurde ich eins mit mir, eins mit dem wahren Leben – und wußte, daß diese Vereinigung endgültig sein würde. Meine Freude und Dankbarkeit kannten keine Grenzen, ich tanzte und sang am Ufer des Flusses und stürzte mich schließlich jubelnd in sein klares Wasser."

Kalim setzte sich lächelnd wieder zu seinem Besucher an den Tisch. Die Luft war angenehm warm und erfüllt von dem Duft blühender Sträucher und dem Gesang der Vögel in den Bäumen.

„Ich freue mich sehr für dich, daß du dein Ziel erreicht hast", sagte Golan. „Und ich schöpfe Mut und Kraft aus deinen Worten, denn wenn es dir gelungen ist, den Weg ans Licht zu finden, kann es auch mir gelingen."

„Es wird dir gelingen, Golan! Es wird geschehen und dich mit seiner Pracht überwältigen. Du wirst verstehen – und nicht begreifen, warum du nicht eher verstanden hast, denn es war schon immer in dir. Es hat sich nie vor dir versteckt, du hast es nur nicht richtig gesucht. Aber du wirst es finden, wie jeder wirklich Suchende es früher oder später entdeckt."

„Deine Ermutigung tut mir gut, Kalim, denn ich bin schon lange unterwegs, und nicht nur meine Beine sind müde geworden."

Kalim nickte mitfühlend. „So ging es mir auch, in den letzten Jahren vor meiner inneren Befreiung. Oft war ich kurz davor, meine Suche aufzugeben. Deshalb rate ich dir: Sei wachsam, um die Zeichen zu erkennen, die das Leben dir gibt. Bleibe geduldig und gelassen, wenn Belastungen und Rückschläge dich bedrücken wollen. Nimm auch die unangenehmen Überraschungen an – als unvermeidlichen Teil des Ganzen, aber trage das Geschehene keinen Schritt länger als nötig in die Zukunft. Suche unermüdlich den Weg ins Herz des Augenblicks. Dort findest du Weisheit, dort findest du das wahre Leben. Und laß dich nicht von dem Verstand an der Nase herumführen!"

Golan betrachtete seinen unverhofften Gastgeber mit wachsender Bewunderung.

„Der Verstand hat zwei Gesichter", fuhr Kalim fort, „das eines Helfers und das eines Zerstörers. Er kann uns in alltäglichen Dingen nützen, aber auf der Suche nach dem Wesentlichen großen Schaden zufügen. Denn oft ist es so, daß seine Bedenken und Zweifel, die uns vor Schwierigkeiten schützen sollen, uns erst in wirkliche Schwierigkeiten bringen. Der Verstand hat Angst vor allem, wovor man nur Angst haben kann, aber er fürchtet am meisten die Erkenntniskraft der Seele, die uns Einsichten schenken kann, die der Verstand nicht versteht. Er fürchtet die Seele, weil sie seine Macht brechen kann."

„Eben habe ich in Gedanken darüber geklagt", sagte Golan, „daß ich dir nicht eher begegnet bin. Dabei sollte ich mich freuen, dich überhaupt gefunden zu haben."

„Ja, Golan, so ist der Verstand, der Vater unserer Gedanken. Er ist ein strenger, von Natur aus unzufriedener Vater, dem man es nicht recht machen kann. Schenkt man ihm eine Flasche mit Wasser, beklagt er sich darüber, daß man ihm nicht den Weg zum Brunnen gezeigt hat. Zeigt man ihm den Weg zum Brunnen, beschwert er sich darüber, daß der Weg so lang und beschwerlich ist. Schenkt man ihm einen Esel, der ihn zum Brunnen tragen kann, ist er beleidigt, daß man ihm kein Pferd geschenkt hat. Erwarte keine Weisheit, keine Dankbarkeit, keine Bescheidenheit von dem Verstand. Er gleicht einem maßlos verwöhnten, in sich selbst verliebten Prinzen, der immer und immer mehr haben will und doch nie zufrieden ist."

„Es ist wunderbar zu erleben", sagte Golan nach einer Weile gemeinsamen Schweigens, „wie jedes Wort, das du sagst, aus der Tiefe deines Wesens kommt, so natürlich und rein wie Wasser, das aus einer Quelle sprudelt."

„Eines Tages, Golan, wirst auch du so sprechen, aus der Mitte deiner Seele, und ein Suchender am Ende seiner Kräfte wird zu dir kommen, wie du heute zu mir gekommen bist – und du wirst ihm neuen Mut geben, damit er seine Suche vollenden kann", prophezeite Kalim. „Viele geraten früher oder später an den Punkt, wo sie ihre ganze Suche in Frage stellen, lassen sich durch Enttäuschungen entmutigen und geben kurz vor dem Ziel auf. Enttäuschungen entstehen aber nicht, damit du an ihnen scheiterst, sondern damit du aus ihnen lernst, dich nicht mehr zu täuschen – weder in anderen Menschen noch in dir selbst. Deshalb sind Enttäuschungen, so schmerzlich sie manchmal auch sein mögen, unentbehrliche Begleiter auf der Reise zu dir selbst."

„Im Licht deiner Worte", sagte Golan, „erkenne ich den Sinn vieler Dinge, die mir in den letzten Jahren widerfahren sind. Ich sehe jetzt auch, daß ich dich heute genau zum richtigen Zeitpunkt getroffen habe, ohne daß ich dir sagen könnte, woher ich es weiß. Ich danke dir für die Zuversicht, die du mir schenkst. Wenn ich auf meinem weiteren Weg anderen Suchenden begegne..."

„Dann sage ihnen nicht, wo ich lebe", fiel Kalim seinem Gast ins Wort. „Wenn sie den Weg zu mir nicht unwillkürlich finden, brauchen sie die Begegnung mit mir nicht. Sage ihnen, daß sie sich ihre innere Freiheit durch nichts und niemanden nehmen lassen dürfen, daß sie die Augen des Herzens immer offenhalten und auf die Stimme der Seele hören sollen."

„Ich werde es ihnen ausrichten", sagte Golan. „Und wenn sie mich fragen, wie sie andere Menschen richtig einschätzen sollen?"

Kalim lächelte. „Ich freue mich, daß du an die anderen Suchenden denkst. Das zeigt, daß du deinem Ziel nicht mehr fern bist, denn Mitgefühl ist ein Vorbote der höchsten Einsicht. Gut – wenn sie dich nach der richtigen Einschätzung anderer Menschen fragen, sage ihnen, daß sie den anderen nicht an seinen Worten, sondern an seinem Verhalten erkennen. Stimmen seine Worte mit seinem Verhalten überein, haben sie einen ehrlichen, glaubwürdigen Menschen gefunden, dem sie ihr Vertrauen schenken können. Doch wenn seine Worte eine andere Sprache als seine Handlungen sprechen, tun sie gut daran, sich an seine Handlungen zu halten, denn in seinem Handeln offenbart sich das Wesen eines Menschen viel zuverlässiger als in seinen Worten."

„Auch das werde ich ihnen überbringen, Kalim. Oft habe ich mich auf meiner Reise gefragt, warum so wenig Gutes zwischen den Menschen geschieht. Jetzt glaube ich den Grund zu wissen: Sie lassen es nicht geschehen. Sie halten die Türen der Liebe und des Vertrauens verschlossen, weil sie Angst haben, daß ihnen etwas Schlechtes widerfahren könnte, wenn sie sich öffnen. Aber gerade diese Angst verhindert, daß etwas Gutes entstehen kann."

Kalim nickte zustimmend. „Ja, die Angst ist eine mächtige Herrscherin und ein großes Hindernis auf dem Weg zur Lebensweisheit und Selbstfindung. Die meisten Menschen dienen ihr statt ihrem Seelenheil, das nur der Mensch gewinnen kann, dessen Vertrauen ins Leben stärker ist als die Angst vor ihm."

„Fühlst du dich hier nicht manchmal ein wenig einsam?" brach Golan das Schweigen, das nach Kalims Worten entstanden war.

Kalim lachte. „Nein, dieses Gefühl kenne ich nicht mehr seit dem Tag meiner Befreiung. Wenn du weiter flußabwärts gehst, wirst du bald zu einem Dorf gelangen. Dort besorge ich mir, was ich zum Leben brauche – und wenn mir danach ist, finde ich dort auch Gesellschaft."

Der Einsiedler blickte flußabwärts. „Manchmal kommt der eine oder andere Dorfbewohner zu mir. Meistens suchen sie meinen Rat. In der Regel rate ich ihnen, was ihrem inneren Frieden und dem Dorffrieden dienlich ist. Ich freue mich, wenn sie mich besuchen, und ich freue mich, wenn sie wieder gehen. Sieh nur, wir haben Besuch von der Schönheit."

Kalim betrachtete mit offensichtlicher Entzückung einen Schmetterling, der sich auf den Tisch gesetzt hatte, an dem die beiden Männer saßen, und sagte leise, als wollte er den bunten Gaukler der Lüfte nicht verscheuchen: „So unverhofft, wie dieser Falter zu uns gekommen ist, kommt alles Schöne in unser Leben."

Nach Kalims Worten flog der Schmetterling wieder davon – und auch Golan spürte, daß der Zeitpunkt gekommen war, sich von dem Menschen zu verabschieden, den er so lange gesucht und schließlich gefunden hatte.

„Wie kann ich dir danken, Kalim, für alles, was du mir mit auf den Weg gegeben hast?"

„Indem du ihn weitergehst, bis du dein Ziel erreichst."

„Das verspreche ich dir."

Nach dem Abschied von Kalim konnte Golan nicht dem Wunsch widerstehen, im Wasser des Flusses zu baden, an dessen Ufer Kalim das wahre Leben gefunden hatte.

Nach seinem Bad ließ er sich von der Sonne trocknen und setzte schließlich beschwingt wie lange nicht mehr seine Wanderschaft fort.
Bald erreichte er das Dorf, von dem Kalim ihm erzählt hatte. Ein paar hundert Menschen hatten sich dort niedergelassen und führten ein Leben, dessen Alltäglichkeit Golan nicht genügen würde. Doch die Leute, denen er im Dorf begegnete, wirkten nicht unzufrieden, wenn auch nicht gerade glücklich mit ihrem Los. Sie sahen ihn neugierig an und grüßten freundlich, aber drängten sich nicht auf, und Golan war es recht so, denn er verspürte kein Bedürfnis nach Gesellschaft.
Als er den Dorfplatz erreichte, lud eine Holzbank unter dem Blätterdach eines Baumes ihn zu einer kleinen Rast ein.
Er nahm seinen Rucksack ab, setzte sich und betrachtete die vorbeigehenden Menschen, die ausgelassen miteinander spielenden Kinder, die umhertollenden Dorfhunde, wobei er ganz Auge war, ganz in der Gegenwart. In der vollkommenen Gegenwärtigkeit offenbart sich das wahre Leben, hatte Kalim gesagt, und Golan spürte, wie die Worte des Weisen ihm halfen, immer gegenwärtiger zu werden.
Vor seinem geistigen Auge sah er das Gesicht des Einsiedlers am Fluß, das die tiefe Einsicht ins Wesen des Lebens ausdrückte, die der Weise gefunden hatte.
Plötzlich hörte er schnelle Schritte hinter sich, und im nächsten Augenblick stand ein Mädchen neben ihm, vielleicht acht Jah-

re alt, und sah ihn aus großen Augen an, deren Glanz ihn an das Strahlen der Augen des Einsiedlers erinnerte.

Das Mädchen streckte die Hand aus, in der es eine wunderschöne blaue Blume hielt, gab sie Golan mit einem Lächeln und sagte: „Für dich."

Golan betrachtete voller Freude das überraschende Geschenk. Dann führte er die Blume zu seiner Nase, wobei er sich darüber wunderte, daß sein Herz klopfte wie das eines Verliebten, der seine Liebste küßt.

Als er den berauschenden Blütenduft tief einatmete, geschah es: Mit einem Schlag fiel die Mauer, die ihn bis zu diesem Augenblick vom Ziel seiner Suche getrennt hatte, und er trat ins wahre Leben ein. Überschäumende Freude durchströmte ihn, und er begann zu lächeln. Er hatte das wunderbare, befreiende Gefühl, ins Innerste des Lebens zu blicken, und dort war alles, was er gesucht hatte: Frieden, Schönheit, Freiheit, Glück und Freude.

Auf dem Dorfplatz war es ruhig geworden. Kein Mensch oder Tier war zu sehen, es war völlig windstill, als hielte die Zeit den Atem an, und über allem lag ein leuchtender, kostbarer Frieden, den Golan mit Leib und Seele einatmete. Es war noch immer dasselbe Dorf, aber Golan war ein anderer geworden, und deshalb war auch das Dorf ein anderes. Alles hatte sich verändert: der Brunnen auf dem Platz, die Bäume vor den Häusern, die weißen Wolken am Himmel. Die ganze Welt war auf einmal eine andere geworden. Golan erkannte die tiefe Schönheit, die vollkommene Harmonie, das unfaßbare Wunder der Schöpfung mit den Augen der Seele und nahm es mit dem Herzen eines Liebenden auf.

Was immer ihm auch gerade geschehen war, es hatte ihn unwiderruflich verändert, es hatte ihn zu dem Ziel geführt, nach dem er sich so lange gesehnt hatte. Golan war eins geworden mit dem Wesen des Lebens, und sein Lächeln war das Lächeln des glücklichen Finders eines unverlierbaren Schatzes.

Als er sich umdrehte, um zu schauen, wohin das Mädchen gelaufen war, das ihm die Blume geschenkt hatte, konnte er es nirgends mehr entdecken.

Verwirklichung

Es kommt darauf an,
sein Leben
zum Leben zu erwecken,
denn es ist nicht
eine automatische
Folge der Geburt.

Leben ist etwas,
das erst erreicht, erkannt,
verwirklicht werden muß.

Dein Leben

Wenn du
dein Leben ändern willst,
ändere dich!

Gewöhne dir
deine Gewohnheiten ab,
überdenke deine Denkweisen,
stelle deine Antworten in Frage.

Dann hat dein Leben
keine andere Wahl,
als sich mit dir
zu verwandeln.

Zuständig

Ich bin zuständig
für meine Lebenszustände.
Ich bin verantwortlich
für meine Antworten
auf die Fragen des Lebens.

Der du wirklich bist

Eine Frau, die sehr unzufrieden mit ihrem Leben war, suchte einen alten Mann auf, der den Ruf genoß, Lebensweisheit erlangt zu haben.
Ohne große Vorrede fragte sie ihn: „Was ist das Wichtigste im Leben?"
„Der Mensch zu werden, der du bist", sagte der Mann.
„Aber ich bin doch schon der Mensch, der ich bin", behauptete die Frau.
Der Mann schüttelte den Kopf: „Nein", sagte er, „du bist der Mensch, zu dem du geworden bist – nicht der, der du wirklich bist."
„Und wer bin ich wirklich?"
Der Weise lachte. „Jemand, der es nicht nötig hat, diese Frage zu stellen."

Der Gelassene

Der Gelassene schweigt,
wo andere klagen
und sich die Haare raufen,
denn er weiß,
daß nichts von Dauer ist –
außer der Vergänglichkeit.
Er ist nicht gleichgültig,
er ist gleichmütig.
Er ruht in sich.
Seine Ruhe ist
ein Geschenk für alle,
die es anzunehmen verstehen.

Das Leben

Für manche
ist das Leben ein Geschenk,
ein Spiel, ein Abenteuer.
Für andere
ist es ein ständiger Kampf,
eine Enttäuschung, eine Last.
Für wieder andere
ist es eine Herausforderung,
eine Aufgabe, eine Pflicht.

Und jeder glaubt fest,
das Leben sei so,
wie er es empfindet.

Dies ist
die älteste Religion
der Menschheit.

Die Lektion des Meisters

Ein Mann sagte zu einem Meister der Weisheit: „Ich habe oft das Empfinden, verwirrt zu sein und meinen eigenen Gefühlen nicht trauen zu können. Kannst du mir sagen, wie ich mehr Klarheit gewinnen kann?"

„Schau die Dinge so an, wie sie sind. Lege nichts Fremdes in sie hinein. Laß sie einfach so sein, wie sie sind."

„Aber tut man das nicht ohnehin?"

„Nein", widersprach der Meister. „Viele Menschen sehen die Dinge nicht so, wie sie sind, sondern machen sie zu einer Leinwand, auf die sie ihre eigenen Gefühle und Gedanken projizieren."

„Gib mir ein Beispiel", bat der Mann.

„Schau durch das Fenster in den Himmel!" forderte der Meister ihn auf. „Was siehst du dort?"

„Ich sehe den Vollmond", erwiderte der Mann.

„Das ist gut. Denn wenn du sehr hungrig wärst, würdest du nicht den Vollmond sehen, sondern womöglich einen Käselaib. Und wenn du sehr verliebt wärst, würdest du das Gesicht deiner Angebeteten statt des Mondes sehen. Und wenn du sehr geldgierig wärst, würdest du statt des Vollmondes eine Silbermünze sehen."

„Das leuchtet mir ein. Die Dinge sind das, was wir in sie hineinsehen“, sagte der Mann, stand auf und wollte sich schon mit Dank für die Lektion verabschieden, die er bekommen hatte.
Da fragte der Meister ihn: „Was siehst du, wenn du in mein Gesicht schaust?“
„Ich sehe das Gesicht eines weisen Mannes.“
„Das ist nicht gut“, sagte der Meister.
„Warum?“ fragte der Besucher überrascht.
„Wenn du in Einklang mit dir selbst leben würdest, dann würdest du nicht das Gesicht eines weisen, sondern eines ganz normalen Mannes sehen. Doch da du in Verwirrung lebst, sehnst du dich nach Weisheit. Es ist deine Sehnsucht, die mein normales Gesicht zu einem weisen Gesicht macht.“
Erst jetzt verstand der Besucher die Lektion des Meisters.

Mut und Zuversicht

Mut und Zuversicht
sind Geschwister,
und ihre Mutter heißt
Selbstvertrauen.

Wer an sich glaubt,
belastet sich nicht
mit quälenden Zweifeln
und steht sich nicht selbst
im Weg auf der Reise
ans Ziel seiner Wünsche.

Sommergedanken

Ich nehme mein Leben
in die Hand.
Leicht ist es
und gut zu fühlen.

Zeit gilt nicht,
wenn alles lauscht
und nur der Atem geht
wie sanfter Wind durchs Gras.

Ich schaue hoch.

Wer ich bin,
ist nicht zu sagen;
ich mache mir
keinen Vers auf mich;
kein Wort ist so grün
wie die Blätter der Bäume.

Ich bleibe auf dem Teppich
meiner Möglichkeiten
und hoffe, daß er fliegen lernt.

Die Qual der Wahl

Es ist bedauernswert,
wenn man kostbare Zeit verliert,
weil man sich nicht für einen
von zwei möglichen Wegen
entscheiden kann –

aber noch bedauernswerter
könnte es sein,
wenn man keinen
von beiden wählt.

Zwei Stimmen

Ein aufgeweckter Junge saß mit seinem Vater im Garten und sagte zu ihm: „Wir nehmen zur Zeit im Deutschunterricht den Faust von Goethe durch. An einer Stelle sagt Faust, daß zwei Seelen in seiner Brust wohnen. Diese Stelle hat mich berührt."
„Warum?" fragte der Vater.
„Ich habe auch manchmal das Gefühl, daß zwei Stimmen in mir sind, wenn ich vor bestimmten Entscheidungen stehe. Die eine rät mir, ich soll hart und egoistisch sein, weil fast alle so sind. Die andere sagt mir, ich soll weich und verständnisvoll sein, weil fast keiner so ist."
„Und wie entscheidest du dich?" fragte sein Vater.
„Mal so, mal so", antwortete sein Sohn.
Danach schwiegen sie eine Weile, bis der Junge fragte: „Welche dieser beiden Stimmen wird sich wohl durchgesetzt haben, wenn ich erwachsen bin?"
„Die Stimme, der du mehr Vertrauen schenkst als der anderen", sagte der Vater.

Regeln der Lebenskunst

Halte nichts für selbstverständlich,
das einzig Sichere im Leben
ist die Unsicherheit.
Sei geistes- und herzensgegenwärtig;
die erste Chance kann immer auch
deine letzte sein.

Verliere nie die Zärtlichkeit,
die Ehrlichkeit, das Lächeln.
Geschwätz, Neid und Mißgunst
kannst du nicht besiegen,
aber überfliegen.

Sei freundlich zu denen,
die Freundlichkeit verdienen.
Sei unnachgiebig zu denen,
die Nachgiebigkeit nur ausnutzen.

Sei lieb zu denen,
die liebenswert sind –
und bleibe gelassen bei denen,
die dich nicht sehen,
selbst wenn du
direkt vor ihnen stehst.

Vergiß nicht, du bist nur
einer unter ein paar Milliarden,
von denen sich die meisten
für den Mittelpunkt
der Welt halten.

III. Wünsche ans Leben

Glückwünsche

Ich wünsche dir Glück,
deinem Herzen Liebe,
deiner Seele Höhenflüge,
deinem Leben den besten Weg,
deinem Denken Weisheit
und deinem Handeln Mut.

Und ich wünsche dir Zeit,
denn sie ist der Atem der Freiheit.

Nur das Beste

Laß heute kein Problem,
keine Sorge in dich hinein,
genieße jeden Augenblick,
laß dich beschenken
und verwöhnen –
und feiere dich selbst,
gönne dir Glück.

Laß heute nur das Beste
gut genug für dich sein.

Gegenseitigkeit

Nur wer an Wunder glaubt,
wird Wunder erleben.

Nur wer der Liebe vertraut,
wird der Liebe begegnen.

Nur wer sich dem Leben hingibt,
dem wird sich das Leben schenken.

Die wahren Schätze des Lebens

Eine Studentin besuchte unangemeldet ihre Philosophieprofessorin, von deren Vorlesungen sie sehr beeindruckt war.
Die Professorin war zwar überrascht von diesem Besuch, bat ihre Studentin aber freundlich in ihr Haus, bot ihr Tee und Gebäck an und fragte sie schließlich: „Was führt Sie zu mir?"
„Eine Frage", antwortete die junge Frau. „Eine Frage, die ich schon seit Jahren in mir trage, aber noch niemandem gestellt habe."
„Warum nicht?"
„Weil ich noch niemanden kennengelernt habe, von dem ich eine gute Antwort erwarten konnte. Doch bei Ihnen habe ich das Gefühl, daß Sie sie mir geben können."
„Hoffentlich überschätzen Sie mich nicht", sagte die Hochschullehrerin.
„Das glaube ich nicht. Im Gegensatz zu den anderen Professoren und Dozenten an der Universität merke ich Ihnen an, daß Ihre Weisheit nicht angelesen ist, sondern aus Ihrem Inneren kommt. Daß Sie das leben, was Sie dozieren."
Die Professorin lächelte. „Wie lautet denn Ihre Frage?"
„Sie ist ganz einfach", sagte die Studentin, „und zugleich vielleicht die schwierigste Frage überhaupt: Wofür lohnt es sich zu leben?"

„Hm“, machte die Professorin.

„Die Welt, in der wir leben, ist geprägt von Wettbewerb, von Konkurrenzkampf“, erklärte die Studentin. „Jeder will besser sein als der andere, will mehr Geld, Macht, Prestige, Anerkennung. Jeder strebt danach, Wohlstand und Sicherheit zu gewinnen, ein größeres Haus, ein teureres Auto als der Nachbar zu haben. Alle suchen ihr Glück in Äußerlichkeiten. Aber ich bezweifle, daß dies der Sinn des Lebens ist. Daß es sich dafür zu leben lohnt. Es ist auf jeden Fall nicht der Sinn meines Lebens. Doch damit bin ich eine Außenseiterin.“

„Es ist besser, ein Außenseiter zu sein, als mit der Masse in die falsche Richtung zu gehen. Junge Frau, Ihre Zweifel am Weltgeschehen sind vollauf berechtigt. Wer Glück, Erfüllung und Zufriedenheit in materiellen Dingen sucht, wird sie nicht finden. Sicherlich spürt er eine gewisse Freude, ein gewisses Glück nach dem Erreichen eines Ziels. Aber die Freude über das neue schöne Auto weicht schnell der Gewohnheit, und die Freude über das hart erarbeitete Eigenheim hält nicht lange an, weil erfüllte materielle Wünsche bald den Zauber verlieren, den sie hatten, solange sie noch unerfüllt waren. Nachhaltige Freude und beständiges Glück finden wir nicht in den Dingen, die wir mit Geld erlangen können. Die wahren Schätze des Lebens sind nicht käuflich.“

„Sie sprechen mir aus der Seele“, bekannte die Studentin dankbar. „Doch wie finde ich diese Schätze?“

„In Ihnen selbst, meine Liebe", sagte die Professorin. „Alle großen Dichter und Philosophen haben uns das immer aufs neue gesagt. Das Glück wohnt nicht im Besitz und nicht im Gold, das Glücksgefühl ist in der Seele zu Hause. Das ist auch meine Antwort auf Ihre Frage, wofür es sich zu leben lohnt. Suchen Sie das Glück, das immer tief in Ihrer Seele existiert, unabhängig von den Irrungen und Wirrungen des Lebens! Glück ist nicht eine Folge des äußeren, sondern des inneren Wohlstands eines Menschen – des Reichtums seiner Seele, der Tiefe seines Empfindens, der Schönheit seines Wesens, der Weite seines Herzens."

Es liegt an dir

Manche Wünsche erfüllen sich,
andere bleiben unerhört.
Manche Träume werden wahr,
andere versinken im Alltagsmeer.
Manche Einsichten werden wirksam,
andere bleiben gute Absichten.
Manche Tage sind voller Leben,
andere nur verlorene Zeit.

Es liegt an dir,
was du aus deinem Leben machst –
oder machen läßt.

Das Licht

Das Licht des
Wunderbaren im Alltag
erkennst du nur,
wenn du jedem
neuen Augenblick mit
offenem Herzen begegnest.

Am Ende wird alles gut

Ein Mädchen, das schon im Alter von dreizehn Jahren damit angefangen hatte, sich zu fragen, was der Sinn des Leben ist und wie man seine Lebenszeit am besten verbringen sollte, hatte zwei vielbeschäftigte Eltern, die in ihren Berufen sehr tüchtig und erfolgreich waren, aber keine Neigung zu philosophischen Betrachtungen hatten. Auch ihre Schulfreundinnen hatten wenig Interesse an tiefgründigen Gesprächen, und letztlich mußte sie sich eingestehen, daß sie sich oft fehl am Platz fühlte, in ihrer eigenen Familie und in ihrer Schule.

Doch dies ließ sie niemanden wissen. Auch nicht, daß sie Gedichte schrieb, in denen sie mit sich selbst die Gespräche führte, die sie mit anderen Menschen nicht haben konnte. Sie hatte damit aufgehört, sich zu fragen, warum sich die Menschen im allgemeinen damit begnügten, ihren Pflichten und Vergnügungen nachzugehen, ohne darüber nachzudenken, ob sie ihr Leben auf die richtige Weise lebten, ob sie sich ihre ureigenen Wünsche ans Leben erfüllten oder nur das taten, was die anderen von ihnen erwarteten.

Das Mädchen tat auch, was die anderen von ihr erwarteten, aber nur in dem Maße, wie es unbedingt nötig war. Sie hätte ihre schulischen Leistungen mit mehr Arbeitsaufwand ohne weiteres deutlich verbessern können, aber der Zensurendurchschnitt in ihren Zeugnissen war ihr ziemlich gleichgültig. Viel

mehr als für die Schulfächer interessierte sie sich für die Gedanken zumeist längst toter Männer und Frauen, für die Werke großer Dichter und Dichterinnen, für Erzählungen und Romane. Mit diesen Autoren fühlte sie sich geistig verwandt, denn auch sie – zumindest die besten unter ihnen – hinterfragten die Dinge und befragten sich selbst nach ihren wahren Wünschen ans Leben. Denn um richtig leben zu können, mußte man erst einmal herausfinden, was man sich vom Leben erhoffte, um dann in Erfahrung zu bringen, ob diese Hoffnungen auch realisierbar oder bloße Illusionen waren.
Was sie sich vom Leben wünschte, hatte sie mit sechzehn Jahren schon recht klar erkannt. Sie wollte vor allem sie selbst sein und so gemocht werden, wie sie war. Und wenn niemand sie so mochte, wie sie war, wollte zumindest sie selbst zu sich stehen.
Aber wie war sie?
Introvertiert, aber auch an anderen Menschen interessiert. Ruhig, aber durchaus zu Temperamentausbrüchen fähig. Im großen und ganzen mit sich zufrieden, aber manchmal traurig, daß sie nicht mehr von dem erleben konnte, was man gemeinhin Glück nannte.
Einer ihrer Lieblingsschriftsteller war der Meinung, daß ein weiser Mensch nicht das Glück anstrebt, sondern das Leid zu vermeiden versucht. Und so viel wußte sie auch schon über das

Glück: daß es scheu und launisch und eigensinnig wie eine Katze war, daß es sich nicht überlisten oder einfangen ließ – und daß es oft unverhofft kam und dabei meistens in ihr das Gefühl erweckte, es nicht verdient zu haben. Ja, Glück war ein unverdientes Geschenk, das man sich nicht erarbeiten, sich nicht herbeisehnen konnte. Aber man mußte schon daran glauben, daß es existierte, sonst würde es nicht kommen.

Und das Mädchen glaubte an das Glück, denn sie hatte es oft genug erleben dürfen, um zu wissen, daß es nichts Kostbareres gab. Geld, Besitz, Sicherheit und Einfluß, Anerkennung und Erfolg, also Werte, für die eigentlich alle Menschen arbeiteten, nach denen sie sich sehnten und für die sie Opfer brachten – sie waren nichts gegen die Pracht eines glücklichen Tages.

Ein poetischer Philosoph, der ihr oft aus der Seele sprach, mit so klaren und treffenden Worten, daß ihr manchmal der Atem stockte, wenn sie ihn las, hatte herausgefunden, daß die Meinung anderer Menschen über eine Person weitaus weniger wichtig für ihr Glück war, als es landläufig angenommen wurde. Das alte Sprichwort, jeder sei seines eigenen Glückes Schmied, stimmte in jeder Hinsicht. Aber das Glück war keine Schmiede, kein Gegenstand, kein Produkt von Können und Fleiß. Es war ein Gefühl, das kam, wenn es kommen wollte. Aber es wollte nur kommen, wenn man sich offen dafür hielt. Also war, um möglichst viel Glück zu erleben, ein offenes Herz, ein offenes Empfinden für das Leben um einen herum und in einem selbst die wichtigste Voraussetzung.

Aber Offenheit war gleichzeitig Verletzbarkeit, und das Mädchen hatte mit ihren jungen Jahren schon genug Lebenserfahrung gesammelt, um zu wissen, daß man sich schützen mußte vor Menschen, die verletzend waren – oft nur, weil sie selbst einmal verletzt worden waren. Eigene Enttäuschungen und seelische Verwundungen wurden gern an andere weitergereicht wie Viren, und nicht hinter jedem Lächeln, nicht hinter jedem freundlichen Blick steckten wahre Sympathie und Freundlichkeit. Freundschaft und Liebe, in denen viele Menschen das Glück suchten, erwiesen sich nicht selten als Ursachen von Leid und Unglück.

Dennoch schien es dem Mädchen unverzichtbar zu sein, sich gegenüber dem Leben offen und empfänglich zu halten, aber gleichzeitig Menschen, die es vielleicht sogar gut meinten, aber nicht gut konnten, möglichst bald als solche zu erkennen, um niemandem ihr Vertrauen zu schenken, der es über kurz oder lang mißbrauchen würde.

Sie lese zu viele Bücher, sagte ihr die Mutter. Sie solle mehr unter Leute gehen, riet ihr der Vater. Sie nickte, aber ließ die Worte nicht an ihre Seele. Sie hatte sich mit einem Schutzschirm umgeben, den sie aber von einem Moment auf den anderen ausschalten konnte. Denn ein Schutzschirm, der sich nicht ausschalten ließ, schützte auch vor allem Guten und Schönen – vor allem, was das Leben lebenswert machte.

Im Gegensatz zu ihren Schulfreundinnen träumte sie nicht von einem attraktiven und treuen Ehemann, einer Familie, von Kindern, einem gesicherten Einkommen und einem schönen Eigenheim. Sie träumte vom Glück. Nur wenn sie glücklich war, fragte sie sich nicht nach dem Sinn des Lebens. Nur wenn sie glücklich war, spürte sie, daß alles, was sie tat, richtig war – und daß alles, was sie sagte, die pure Wahrheit war. Nur wenn sie glücklich war, hatte sie nicht das Gefühl, ihre Zeit zu vergeuden und am eigentlichen Leben vorbeizugehen.

Es gebe kein richtiges Leben im falschen, hatte sie bei einem klugen Schriftsteller gelesen. Und es gab auch kein falsches Leben im richtigen. Aber es gab kein Rezept für ein glückliches Leben. Eigenheime, Familien und Berufe konnten genauso gut ins Unglück wie ins Glück führen. Es gab keine Strategie, um glücklich zu sein. Glück ließ sich nicht planen. Man mußte sich nur dafür offen halten, gelassen und geduldig sein, Durststrecken klaglos durchhalten und nie daran zweifeln, daß das Glück wiederkommen würde, wenn der Zeitpunkt dafür gekommen war, den allein das Glück kannte.

An ihrem achtzehnten Geburtstag war ein solcher Zeitpunkt, doch zunächst war es ein ganz normaler Tag, immerhin ein Sonntag. Ihr Vater und ihre Mutter waren besonders nett zu ihr, machten ihr schöne Geschenke und verwöhnten sie mit ihrem Lieblingsessen. Nachmittags kamen ihre beiden besten Freundinnen, auch mit Präsenten, und mit ihnen plauderte und lachte sie, während die CDs liefen, die sie geschenkt bekommen hatte. Doch glücklich war sie an jenem Tag noch nicht. Was war auch schon sonderlich dabei, ein Jahr älter geworden zu sein, volljährig und geschäftsfähig zu sein, Geschenke, Aufmerksamkeit und freundliche Blicke zu bekommen. Sicher, das war nicht zu verachten, aber es berührte nicht ihr Herz, es erreichte nicht ihre Seele. Es fehlte etwas, und das Fehlende war leider das Entscheidende.

Und so war sie am Ende des Tages fast erleichtert darüber, auf ihrem Bett zu liegen und ihren ach so wichtigen achtzehnten Geburtstag halbwegs elegant zelebriert zu haben – und nun endlich sie selbst sein zu können. Doch sie konnte die Ereignisse des Tages nicht einfach so abschütteln, sie fühlte sich aufgedreht, obwohl sie am liebsten die Augen geschlossen und sofort in einen wohligen, tiefen Schlaf eingetaucht wäre.

Sie las in dem Roman, der sie seit einer Woche in Bann hielt, aber das gewohnte kleine Leseglück wollte sich nicht einstellen. Ihr fehlte es an innerer Ruhe, um das kunstvoll komponierte Werk gebührend genießen zu können. Auch das Hören ihrer derzeitigen Lieblingsmusik konnte sie nicht aus diesem Zustand innerer Überdrehtheit befreien.

Sie überlegte, ob sie noch ausgehen sollte, aber am Sonntagabend kurz vor Mitternacht gab es eigentlich keinen Ort, zu dem es sich zu gehen lohnte.

Eher ohne es zu wollen, griff sie zum Telephon, unterdrückte die Rufnummerübermittlung und drückte sechs beliebige Tasten. Kein Anschluß unter dieser Nummer, hörte sie, was sie nicht daran hinderte, noch einmal zu wählen, diesmal sieben Tasten. Und es war wohl auch ein vorhandener Anschluß, den sie da blind angewählt hatte, aber entweder wollte oder konnte niemand abheben.

Das Mädchen, das nun offiziell eine volljährige Frau war, wollte schon das Telephon wieder beiseite legen, doch dann versuchte sie es ein drittes Mal, diesmal wieder mit sechs Zahlen, wobei die ersten drei Zahlen identisch mit ihrer eigenen Telephonnummer waren. Wenn also jemand abheben sollte, würde es eine Person sein, die im selben Stadtviertel wohnte wie sie selbst. Sie wartete sechs, sieben Freitöne ab und wollte gerade die rote Taste drücken, als der Anruf angenommen wurde und eine männliche Stimme unerkennbaren Alters gutgelaunt sagte: „Hallo, anonymer Anrufer!"

Fast hätte sie vor Überraschung aufgelegt, doch die gelassene Heiterkeit in der Stimme des Mannes hinderte sie daran.

„Es ist eine anonyme Anruferin."

„Mit einer angenehmen Stimme", sagte er. „Und das gegen Mitternacht. Besser kann der Tag nicht enden."

„Finden Sie?"

„Absolut! Welchem glücklichen Umstand verdanke ich die Ehre Ihres Anrufs?"

„Mit einer Antwort auf die Frage: Warum sind Sie so gut drauf?“

„Bin ich das?“

„Definitiv.“

„Warum sollte ich es nicht sein?“

„Weil es die meisten nicht sind. Nicht am Sonntagabend um Mitternacht. Wo eine neue Arbeitswoche bevorsteht. Wo in sieben Stunden der Wecker die Träume kaputtpiept. Wo man eigentlich schon schlafen sollte.“

„Und warum schlafen Sie nicht?“

„Ich habe heute Geburtstag.“ Sie sah auf den Wecker auf dem Nachttisch. „Noch genau vier Minuten.“

„Gut! Dann kann ich Ihnen ja noch auf den allerletzten Drükker zu Ihrem Geburtstag gratulieren. Also – meinen aufrichtigen Glückwunsch!“

„Finden Sie wirklich, daß es einen Glückwunsch wert ist?“

„Was?“

„Daß man ein Jahr älter geworden ist. Diese ganzen Gratulationen sind doch eigentlich eher Konventionen.“

„Und Sie mögen keine Konventionen?“

„Überhaupt nicht.“

„Mein Glückwunsch kam aber von Herzen. Er war keine Konvention, sondern – eine Emotion.“

„Dann nehme ich ihn dankend an.“

„Woher haben Sie eigentlich meine Nummer? Sie steht nicht im Telephonbuch.“

„Oh, ich habe einfach sechs beliebige Tasten gedrückt, ich weiß nicht, welche."
„Vielleicht die richtigen?"
„Die richtigen – wofür?"
„Für das, was Sie suchen."
„Und das wäre?"
„Vielleicht ein Gespräch am Ende Ihres Geburtstages mit einem Unbekannten? Weil die Gespräche mit den Bekannten nicht genügt haben?"
„Tja, vielleicht ist es so."
„Worüber wollen Sie sprechen?"
„Keine Ahnung. Was uns so einfällt."
„Mir fallen Worte aus dem Film ein", sagte der Mann, „den ich heute abend gesehen habe. Worte, die ich Ihnen weitergebe, als spätes Geburtstagsgeschenk: Am Ende wird alles gut; und wenn nicht alles gut ist, dann ist es noch nicht das Ende."
„Glauben Sie an diese Worte?"
„Ich finde sie phantastisch. Die Worte. Sie tragen eine Zuversicht in sich, die man nicht verlieren darf. Nie. Unter keinen Umständen. Denn manches kann nur wahr werden, wenn man fest daran glaubt, daß es wahr wird."
„Seltsam", sagte das Mädchen, „ich habe viele Worte gewechselt heute. Aber jetzt habe ich zum ersten Mal das Gefühl, daß ein Gespräch stattfindet."

„Sehen Sie, so ist auch am Ende Ihres Geburtstags noch alles gut geworden."

„Weil ich Ihre Nummer gewählt habe. Zufällig."

„Ich glaube nicht", sagte der Mann.

„Was glauben Sie nicht?"

„Ich glaube nicht an Zufälle. Sie wollten mich anrufen. Sie haben mich angerufen. Sie wollten etwas von mir hören. Ich habe es Ihnen gesagt. Sie haben sich allein gefühlt, vielleicht sogar einsam. Ich habe Ihnen gezeigt – ich zeige Ihnen, daß Sie es nicht sind."

„Wieso bin ich es nicht?"

„Weil wir uns kennengelernt haben."

„Haben wir das?"

„Ich habe den Eindruck."

„Ist es nicht eher eine besondere, aber einmalige Unterhaltung, als Folge eines Zufalls, an den Sie nicht glauben?"

„Finden Sie es heraus!"

„Wie denn?"

„Lassen Sie unser Gespräch, das tatsächlich eins ist, in sich nachwirken. Nehmen Sie es mit in den Schlaf."

„Es ist mein wertvollstes Geburtstagsgeschenk", sagte sie spontan – und spürte die Freude des Mannes über ihre Worte. Sie spürte sie so deutlich, daß es ihr fast schon unheimlich war. Überhaupt – normal war das nicht, was geschah, seit das Gespräch begonnen hatte. Wie kann man sich einem Fremden innerhalb weniger Minuten so nah fühlen? Einem Fremden, dessen Namen man nicht einmal kennt, den man noch nie gesehen hat, von dem man nichts weiß oder zu wissen glaubt.

„Gut“, sagte sie, „ich lasse das Gespräch nachwirken. Aber ich weiß schon jetzt, daß die Nachwirkung so sein wird wie die Wirkung.“

„Ich freue mich auf Ihren nächsten Anruf. Meine Nummer ist ja jetzt in Ihrem Telephon gespeichert.“

„Nicht nur Ihre Nummer. Auch Ihre Worte.“

„Sie meinen die optimistischen Worte aus dem Film?“

„Ich meine alle Worte, die Sie gesagt haben. Ich danke Ihnen dafür. Darf ich Sie noch etwas fragen?“

„Was immer Sie wollen.“

Wäre es nicht vielleicht besser, wenn wir es bei diesem Gespräch belassen? Uns bis an unser Lebensende die Erinnerung bewahren an eine einmalige und wunderbare Begegnung. Und sie nicht gefährden oder vielleicht sogar zerstören durch weitere Gespräche, denen irgendwann eine persönliche Begegnung folgen wird. Wäre es nicht besser, dieses Gespräch, dieses unverhoffte Stück vom Glück als solches zu bewahren, ohne Erwartungen oder Hoffnungen daran zu knüpfen, denen die Wirklichkeit nicht gerecht werden kann?

„Ich höre“, sagte er.

Als sie seine entspannte, unbeschwerte Stimme hörte, wurde ihr schlagartig die Abwegigkeit ihrer Überlegungen bewußt.

Hatte sie wirklich mit dem Gedanken gespielt, sich selbst um das Glück zu betrügen, vielleicht einen Menschen gefunden zu haben, in dessen Gegenwart sie sich nicht allein, in dessen Nähe sie sich nicht deplaziert fühlte, in dessen Worten sie sich selbst wiederfinden konnte? Nein, das hatte sie nicht wirklich. Das war bloß ihre Angst gewesen. Und eine der wichtigsten Erkenntnisse, die sie in den letzten Jahren gewonnen hatte, war die, daß Glück und Angst wie Feuer und Wasser waren.

„Hm", machte er ganz leise, fast unhörbar, als hätte er ihre Gedanken gelesen und würde ihr voll und ganz zustimmen.

„Bis bald", sagte sie, fast zärtlich, wie zu einem guten Freund.

Wünsche

Laß dir die Freude darüber,
daß einige deiner Wünsche
in Erfüllung gegangen sind,
nicht dadurch verderben,
daß andere sich
nicht erfüllt haben.

Ein wahr gewordener Wunsch
kann über drei Träume hinwegtrösten,
die Träume bleiben sollten.

Zustände des Glücks

Ein langlebiger Zustand
kleinen Glücks
ist wesentlich wertvoller
als ein kurzlebiger Zustand
großen Glücks.

Der erste gleicht
einem kleinen Feuer,
an dem man sich
immer wärmen kann,
wenn man friert.

Der zweite gleicht
einem großen Feuer,
dessen Kraft berauscht,
das aber eine bittere,
meist unverhoffte Kälte
hinterläßt,
wenn es erlischt.

Das Wasser der Genügsamkeit

Ein Mann kam zu einem Meister der Weisheit und fragte ihn: „Wer ist mein größter Feind?“

„Dein größter Feind ist der, den du nie zu deinem Freund machen kannst. Dem du alles schenken kannst, was du zu schenken hast, und der trotzdem dein Feind bleibt.“

„Und wer ist das?“

„Die Begierde“, sagte der Meister. „Sie ist wie das Wasser des Meeres, von dem du immer durstiger wirst, je mehr du davon trinkst. Je mehr Wünsche du der Begierde erfüllst, desto maßloser werden ihre Ansprüche. Bist du ein reicher Mann, zwingt sie dich, noch mehr Geld anzuhäufen. Bist du ein Casanova, zwingt sie dich, immer neue Eroberungen zu machen. Bist du ein Feldherr, zwingt sie dich, immer neue Schlachten zu gewinnen. Damit du dich immer reicher, begehrenswerter und mächtiger fühlst. Doch in Wahrheit bist du ohnmächtig: ein Sklave deines unermüdlichen Verlangens. Deshalb sagte ich: Dein größter Feind ist die Begierde.“

„Und wie kann ich diesen Feind besiegen?“ fragte der Mann.

„Indem du der Begierde die Macht über dich entziehst“, erklärte der Meister. „Befreie dich von ihren maßlosen Ansprüchen.

Ein Mann braucht nicht viel, um glücklich zu sein. Er braucht keinen Palast, keinen Harem, keine Untertanen, keine Schatzkammer voller Gold. In der Bescheidenheit liegt viel Glück, denn der Bescheidene findet Seelenfrieden. Er hat sich befreit von der Tyrannei seiner Begierde. Er hat das lodernde Feuer seiner Begierde mit dem Wasser der Genügsamkeit gelöscht."

Wahrnehmung

Wer nicht über die Grenzen
seiner vermeintlichen Interessen
hinausblicken kann,
wird niemals
seine wahren Interessen
wahrnehmen können.

Erwartungslos

Unsere Erwartungen
hindern uns oft daran,
das zu finden, was wir im Grunde suchen.
Denn wir wissen zwar meistens,
was wir wollen, aber oft nicht,
was wir eigentlich brauchen –
und wegen der Fixierung
auf unsere Wünsche
übersehen wir die Zeichen
und Menschen auf unserem Weg,
die uns weiterhelfen können.

Deshalb ist es ratsam,
erwartungslos durchs Leben zu gehen.
Es ist die beste Art, das zu finden,
was wir wirklich suchen.

Das Wunderbare

Das Wunderbare geschieht immer
jenseits der Grenzen der Sprache.
Versucht man, es zu beschreiben,
ist es, als würde man
Wasser in einem Sieb tragen.
Wenn man Glück hat,
bringt man ein paar Tropfen ans Ziel.

Keine Worte

Ein junger Mann fragte den Meister: „Wie kann ich die höchste Erkenntnis finden, die meinen Geist gelassen, mein Herz froh und meine Seele glücklich macht?"
„Indem du sie nicht suchst", sagte der Weise. „Und indem du verlernst."
Der Schüler runzelte die Stirn. „Ich dachte, ich komme zu dir, um etwas zu lernen. Nicht, um etwas zu verlernen."
„Oft steht das Verlernen vor dem eigentlichen Lernen", erwiderte der Meister. „Würdest du versuchen, ein Haus auf dem Wasser zu bauen?"
„Natürlich nicht", sagte der Mann.
„So manches, was du in deinem Leben gelernt hast, ist wie das Wasser, auf dem du nicht das Haus der Glückseligkeit bauen würdest. Du mußt innerlich wieder wie ein Kind werden, das die Welt völlig neu entdeckt. Wirf deine Denkgewohnheiten von dir ab. Befreie dich von allem, was du zu wissen glaubst. Mache dich zu einem unbeschriebenen Blatt. Dann komm wieder zu mir zurück. Und ich werde dir helfen."
„Welche Worte wirst du dann auf dieses unbeschriebene Blatt schreiben?" fragte der Mann.
„Keine", sagte der Meister. „Aber ich werde dir einen Stift schenken."

Steckbrief

Gesucht wird das Glück,
schon seit Menschengedenken.
Es ist unendlich groß,
wechselt ständig sein Aussehen,
ist schlauer als alle seine Jäger.
Es hält sich gern dort auf,
wo es nicht vermutet wird,
taucht manchmal überraschend
wie aus dem Nichts auf,
um dann ebenso unverhofft
wieder zu verschwinden.
Es läßt sich nicht festhalten,
fesseln oder einsperren,
gilt als empfindlich und scheu.

Sachdienliche Hinweise,
die zu seiner Ergreifung führen,
werden nicht entgegengenommen,
weil das Glück ungreifbar
und keine Sache ist.

Ein guter Weg

Hör auf zu suchen,
hör auf zu wünschen.
Entspanne dich
ins Leben hinein.
Das ist ein guter Weg
ins Finden,
in die Erfüllung,
in die Wunschlosigkeit.

Der Glückliche sucht nicht

Eine Frau in den mittleren Jahren fragte einen weisen Mann: „Warum ist das Glück wie ein Regenbogen, wie ein Sonnenuntergang, wie eine Sternschnuppe? Großartig, wunderbar, doch viel zu schnell vorbei. Warum kann es nicht so sein wie das Tageslicht, wie das Gras, wie die Bäume? Immer da, jeden Augenblick sichtbar, jeden Tag zu erleben."

„Aber das ist es doch", sagte der Weise und lächelte. „Das Glück ist wie dein eigener Atem. Es ist immer anwesend, immer zugänglich."

„Nein", widersprach die Besucherin energisch. „Es ist selten und vergänglich. Und es vergeht immer zu schnell. Ich habe einige Männer geliebt in meinem Leben. Jeder von ihnen hat mich auf seine Weise glücklich gemacht, doch nach einer Weile ging das Glück fort und hinterließ nur Leere und Traurigkeit. Und die Sehnsucht danach, es noch einmal zu erleben."

„Wir sprechen nicht von derselben Art von Glück", stellte der Weise fest. „Du sprichst vom befriedigten Verlangen, das uns durchaus glücklich machen kann. Doch diese Art von Glück ist nur von kurzer Dauer. Es ist im Grunde nur gesättigtes Verlangen, das sich schon bald wieder auf die Suche nach neuen Zielen begibt."

„Ist Glück denn nicht immer gesättigtes Verlangen?" fragte die Frau.

„Nein. Wahres Glück ist die Befreiung vom Verlangen. Es sucht nicht, sondern hat gefunden. Es geht nicht auf Reisen, sondern bleibt, wo es ist. Es verlangt nicht, sondern ist zufrieden mit dem, was es hat“, erklärte der Meister. „Wenn du das liebst, was du hast, bist du glücklich. Wenn du das liebst, was du haben willst, bist du solange unglücklich, bis du es hast. So machst du dich zum Sklaven deiner Begierden. Der Glückliche ist ein freier Mensch. Er findet das, was der Verlangende an anderen Orten und in der Zukunft sucht, im Hier und Jetzt. Das macht ihn unabhängig, macht ihn frei. Das macht ihn glücklich. Der Glückliche sucht nicht – weil er gefunden hat.“

Sehnsucht

Sehnsucht ist
immer ein Zeichen
von Unzufriedenheit
mit dem Erreichten –
der sehnliche Wunsch
nach einem besseren,
glücklicheren Leben.

Sehnsucht ist die Kraft,
die uns hoffen
und träumen läßt –
und uns den Mut gibt,
das Unmögliche zu versuchen,
um das Mögliche zu finden.

Glückskompaß

Wenn du nicht
an dein Glück glaubst,
wird es nicht
den Weg zu dir finden.

Dein Glaube
ist sein Kompaß,
der es zu dir führt.

Naiv oder weise

Wenn jemand sagt,
alles sei so kompliziert,
dann ist er realistisch.
Wenn jemand darauf antwortet,
es sei alles ganz einfach,
dann ist er naiv – oder weise.

Eine unüberlegte Antwort

Eine kluge Frau kam zum Meister, bedankte sich dafür, daß er sie empfing, und sagte zu ihm: „Ich habe nur eine Frage an dich. Eine einzige. Deshalb überlege dir deine Antwort gut!“

„Ich überlege mir meine Antworten überhaupt nicht. Niemals“, erklärte der Meister.

„Wieso?“ fragte die Frau verwundert.

„Meine Antworten kommen aus meiner Seele. Und meine Seele überlegt nicht, was sie antwortet. Wie ein Schmetterling nicht überlegt, wohin er fliegt.“

„Wie auch immer“, sagte die Besucherin. „Meine Frage lautet: Wenn ich einen einzigen Wunsch frei hätte, was sollte ich mir wünschen?“

„Wunschlosigkeit“, sagte der Meister.

IV. Die Stimme des Herzens

Träume leben

Träume können
sich erfüllen,
wenn wir sie
wirklich lieben.

Liebe kann
Träume wahr
werden lassen,
wenn wir sie
wirklich leben.

Leicht bleiben

Mach es ihr nicht zu schwer –
Liebe ist etwas Leichtes.
Wie könnte sie sonst so hoch
über die Grenzen der Welt fliegen,
so anmutig und sanft die Schwerkraft
der Ängste und Zweifel besiegen?

Laß uns leicht bleiben –
schwere Herzen kommen nicht
vom Boden los und bauen sich
Luftschlösser zum Trost,
in denen die Gespenster
unerfüllter Sehnsüchte spuken.

Die unsichtbare Mauer

Es war ein Tag wie aus dem Bilderbuch. Die Sonne strahlte in einem wolkenlosen Himmel. Ein Paar hängte Wäsche im Hinterhof auf. Als die Frau gerade eins seiner bunten Baumwollhemden an der Wäscheleine festklemmte, fühlte sie sich plötzlich überwältigt von der Liebe, die sie für ihn empfand. „Ich könnte mein Leben lang mit dir Wäsche aufhängen", sagte sie.

Ihre Blicke trafen sich.

Warum er dann mit einem leichten Grinsen sagte, er könne sich Besseres mit ihr vorstellen, als ständig Wäsche aufzuhängen, wußte er selbst nicht. Als er die Enttäuschung in ihrem Blick bemerkte, wünschte er sich, es nicht gesagt zu haben – und er wußte auch, warum.

Sie wohnten jetzt etwas länger als ein Jahr zusammen, und es war nicht mehr so zwischen ihnen wie in den ersten Monaten, auch wenn er sich gegen diese Erkenntnis wehrte. Ihre Küsse waren nicht mehr so innig, ihre Umarmungen nicht mehr so leidenschaftlich, und lächelnd aneinandergekuschelt schliefen sie schon lange nicht mehr ein. Sie hatten jetzt das, was man eine feste Beziehung nannte.

Alles hatte sich normalisiert, und warum auch nicht, man konnte nicht ein Jahr lang himmelhochjauchzend verliebt sein. Drei bis vier Monate durchschnittlich dauere der Rausch der Verliebt-

heit, hatte er neulich gelesen, danach gehe eine Beziehung zu Ende oder sie verändere sich.
Er sah ihr in die Augen und versuchte, die unsichtbare Wand zu durchdringen, die das tägliche Miteinander zwischen ihnen geschaffen hatte – eine wachsende Wand, die sich manchmal noch in Luft auflöste, wenn ihre Gefühle intensiv genug waren.
Damals, in den euphorischen ersten Monaten, war diese Mauer nur dann erschienen, wenn sie sich in Mißverständnissen verfangen hatten und sich wehtaten bei den Versuchen, sich daraus zu befreien. Liebe war nicht zuletzt eine gesteigerte Anfälligkeit für Verletzungen.
„Und jetzt?“ fragte sie.
„Es tut mir leid“, antwortete er, „meine Antwort von eben. Früher hätte ich mich wahnsinnig darüber gefreut, wenn du so etwas gesagt hättest.“
„Wenn ich was gesagt hätte?“
„Na, das eben mit dem Wäscheaufhängen, ein Leben lang. Ob Wäscheaufhängen, Blumengießen oder von mir aus im Kreis gehen: Hauptsache mit dir, hätte ich damals gesagt – und nicht, daß ich mir etwas Besseres vorstellen könnte.“
Sie lächelte ihn an und strich ihm zärtlich eine Haarsträhne aus der Stirn. Ihre Berührung ging ihm unter die Haut, so stark wie zu Beginn ihrer Liebe.
Als er ihr in die Augen sah, war die unsichtbare Wand fort.
Er entschloß sich, nicht zu fragen, wie lange.

Federleicht

Mein Lebensgefühl ist federleicht,
ich sollte mich festhalten am Gras,
sonst weht der nächste Windstoß mich fort,
und ich fliege zu einem Ort,
wo ich mich nicht wiederfinde.

Das war ein Scherz.

Aber diese Frage meine ich ernst:
Fliegst du mit?

Willst du fliegen

Möchtest du sehen,
schließ die Augen.
Willst du gewinnen,
laß das Kämpfen sein.
Möchtest du träumen,
hör auf zu schlafen.
Willst du fliegen,
laß dich fallen.

Das zwischen uns

Wenn es stark ist,
wird es sich entfalten.

Wenn es schwach ist,
wird es erkalten.

Wenn es harmonisch ist,
wird es sich erweitern.

Wenn es unausgewogen ist,
wird es scheitern.

Wenn es feige ist,
wird es verschwinden.

Wenn es mutig ist,
wird es sich und uns ergründen.

Die Hand des Schicksals

Maika, die einzige Tochter eines reichen Juweliers, galt als eines der schönsten Mädchen der Stadt. Sie war eine lebensfrohe, kluge und mutige junge Frau, die schon früh begonnen hatte, der Stimme ihres Herzens zu folgen.

Als sie ins heiratsfähige Alter gekommen war, verging kaum ein Monat, in dem nicht ein Verehrer sich bei ihrem Vater um ihre Hand bewarb. Nach seinen strengen Maßstäben war keiner der Bewerber gut genug für sie, selbst wenn er aus bestem Hause stammte, über die gepflegtesten Manieren verfügte und seiner Tochter eine sorgenfreie Zukunft in Wohlstand und hohem gesellschaftlichen Ansehen bieten konnte.

Maika war es recht so, denn keiner ihrer Verehrer hatte bislang die überwältigende Freude und das strahlende Glück in ihrer Seele hervorrufen können, das sie sich von der wahren Liebe erhoffte.

Der eine hatte ein angenehmes Gesicht, der andere eine wohlklingende Stimme, ein weiterer glänzte durch Bildung und Redekunst, doch kein einziger der Bewerber um ihre Gunst konnte in Maika den Wunsch erwecken, ihm ihr Herz zu öffnen – geschweige denn, ihr Leben mit ihm zu verbringen.

Alles änderte sich zwei Tage vor ihrem neunzehnten Geburtstag, als sie mit Losama, der Haushälterin der Familie, den gro-

ßen Wochenmarkt besuchte, um Früchte, Gemüse, Nüsse und Süßigkeiten für die geplante Geburtstagsfeier einzukaufen.
Maika hatte gerade eine Tüte mit Walnüssen erstanden und in ihre Umhängetasche gelegt. Sie wandte sich zur Seite, um sich einen Weg durch die Vielzahl der Marktbesucher zu bahnen, als plötzlich ein junger Mann vor ihr stand und sie aus klaren blauen Augen ansah.
Mit einem Schlag verschwand das bunte, betriebsame Geschehen um sie herum, und es gab nichts mehr auf der Welt als diesen Blick aus den strahlenden Augen des Fremden, die bis ins Innerste ihres Herzens zu sehen schienen – bis eine füllige Frau den jungen Mann versehentlich, aber so heftig von hinten anstieß, daß er sein Gleichgewicht verlor und Maika in die Arme taumelte.
Als sie seinen Körper an ihrem spürte, erfaßte ein wunderbares Glücksgefühl ihr ganzes Wesen, und sie erkannte blitzartig, daß dieser Fremde, den das Schicksal ihr geschickt hatte, der erste Mann war, dem sie ihr Herz öffnen und ihre Liebe schenken wollte – nein, mußte!
„Junger Mann!“ hörte sie Losamas empörte Stimme, wie aus einer anderen Welt. „Was fällt Ihnen ein?“
Maika löste sich aus der unfreiwilligen Umarmung, die ihr Leben verändert hatte.
„Beruhige dich, Losama! Hast du denn nicht gesehen, daß er in meine Arme gestoßen wurde?“

„Ja, das habe ich“, entgegnete sie, „aber ist er nicht ein wenig länger dort geblieben, als es nötig gewesen wäre?“

Der junge Mann schien die Worte, die Maika mit ihrer Begleiterin gewechselt hatte, gar nicht gehört zu haben und schaute unverwandt, wie verzaubert in ihre Augen. Schließlich sagte er so leise, daß nur sie es verstehen konnte: „Ich fühle mich wie in einem Traum, aus dem ich nie mehr erwachen möchte.“

„Maika, wir haben noch einiges zu besorgen“, mahnte Losama.

„Geh ruhig schon zum nächsten Stand! Ich komme gleich nach.“

Die Haushälterin erfüllte ihren Wunsch, nicht ohne vorher dem jungen Mann einen nachdenklichen Blick zuzuwerfen.

„Ich empfinde so wie du“, gestand sie ihm, als Losama weitergegangen war. „Mir ist, als würde ich träumen – und zugleich, als wäre ich erwacht.“ Aus den Augenwinkeln sah sie, daß Losama sie beobachtete. „Wir können jetzt nicht länger zusammen bleiben. Mein Vater hat mir verboten, mit Fremden zu sprechen. Komm heute bei Sonnenuntergang in den Park! Dort werde ich auf dich warten, bei der Statue des Engels.“

Der junge Mann nickte mit einem strahlenden Lächeln, wandte sich um und wurde vom Strom der Marktbesucher aufgesogen. Maika blickte ihm nach, bis sie ihn aus den Augen verlor. Dann ging sie zu Losama und fragte sie: „Kennst du diesen Mann?“

Die Haushälterin schüttelte den Kopf. „Ich habe ihn noch nie gesehen. Seiner Kleidung nach zu urteilen, lebt er in bescheidenen Verhältnissen. Also schlage ihn dir aus dem Kopf, dein

Vater würde ihn nicht einmal über die Schwelle seiner Haustür lassen."

„Wie schlägt man sich einen Mann aus dem Kopf, Losama?"

„Indem man nicht mehr an ihn denkt."

„Und wie schlägt man sich einen Mann aus der Seele?"

Auf diese Frage wußte die Haushälterin keine Antwort.

„Sage meinem Vater bitte nichts von dem, was eben geschehen ist! Du weißt, wie sehr er um mich besorgt ist, und deshalb sollten wir ihn nicht unnötig beunruhigen. Versprichst du es mir?"

Losama nickte nach kurzem Zögern. „Du hast mein Wort!"

„Wie war es auf dem Markt?" fragte Kumo seine Tochter beim Mittagessen.

„Wie immer – laut und voller Leben."

Ihr Vater betrachtete sie voller Stolz. Wie schnell doch aus seinem kleinen Mädchen eine junge Frau geworden war, deren Schönheit und Anmut ihn täglich aufs neue erfreuten! In den seltenen stillen Momenten, die sein geschäftiges Leben ihm ließ, war ihm bewußt geworden, daß er – nach dem bereits drei Jahre zurückliegenden Tod seiner Frau – im Grunde nur noch für Maika lebte, für ihr Wohlergehen und ihre Zukunft.

Doch gestanden hatte er ihr dies nie, und trotz seiner Freude an ihr verbrachte er den allergrößten Teil seiner Zeit mit der Pflege und dem Ausbau seiner geschäftlichen Beziehungen statt mit seiner Tochter, die in seiner Haushälterin Losama einen

Muttterersatz gefunden hatte – soweit sich eine Mutter überhaupt ersetzen ließ.
Kumo hatte nach dem Schicksalsschlag, der seine Frau aus seinem Leben gerissen hatte, trostlose Tage und schlaflose Nächte der Trauer und Angst verbracht, daß der plötzliche Tod ihrer Mutter Maika das Herz brechen würde. Aber sie hatte den Verlust mit dem ihr eigenen Vertrauen in das Leben überwunden und ihm damit geholfen, auch seinen Schmerz in die Hoffnung zu verwandeln, daß alles, was geschah, so schmerzlich es auch sein mochte, einem höheren Sinn diente.
Manchmal fragte er sich, warum er sich nicht aus dem Geschäftsleben zurückzog und mehr Zeit mit Maika verbrachte, anstatt nach immer größerem Wohlstand zu streben, aber er schob diese Frage stets mit dem Gedanken beiseite, daß sein Reichtum eines Tages seiner Tochter gehören würde.
„Ich sehe dir an", sagte er, „wie sehr du dich auf deinen Geburtstag freust."
Maika gab ihm eine belanglose Antwort und verschwieg, daß es seit dem heutigen Morgen etwas gab, auf das sie sich wesentlich mehr freute als auf ihre Geburtstagsfeier: das Wiedersehen mit dem Mann, dessen Augen ihr bis auf den Grund der Seele geblickt hatten.

Am späten Nachmittag verabschiedete Maika sich von Losama unter dem Vorwand, ihre beste Freundin zu besuchen, um mit ihr über die Gestaltung der morgigen Geburtstagsfeier zu sprechen.

„Gut, aber bitte sei vor Einbruch der Dunkelheit wieder zurück, sonst wird dein Vater mir Vorwürfe machen, wenn er nach Hause kommt."

Maika stöhnte. „Ich bin eine Frau, und er sieht mich immer noch als sein kleines Mädchen, das er vor den Gefahren der Welt schützen muß. Aber wie soll ich das Leben kennenlernen, wenn er mich ständig davon zurückhält?"

„Ich verstehe dich gut, Maika, doch du solltest auch ihm Verständnis entgegenbringen. Für jeden Vater ist es eine schwierige Zeit, wenn aus seiner kleinen Tochter eine junge Frau geworden ist, die ihr eigenes Leben führen will. Die Welt ist nun mal gefährlich, vor allem für das Kind eines reichen Mannes. Wir beide wissen, daß dein Vater in ständiger Angst davor lebt, daß du entführt werden könntest."

„Es gibt keine Sicherheit im Leben", erwiderte Maika, „der Tod meiner Mutter hat es mich auf bitterste Weise gelehrt. Ich kann und will mich nicht vor der Welt verstecken – sie mag gefährlich sein, aber sie ist auch wunderbar."

Auf dem Weg zum Park hatte Maika – wie öfter in der letzten Zeit – das Gefühl, verfolgt zu werden. Sie schüttelte unwillig den Kopf über sich selbst. Anscheinend hatte ihr Vater sie schon mit seiner Angst angesteckt, die sie immer mehr als eine Fessel empfand.

Als sie den Parkeingang erreichte, fühlte sie mit jedem Schritt, der sie dem vereinbarten Treffpunkt näher brachte, ihr Herz vor Freude schneller schlagen. Was immer auch auf dem Marktplatz geschehen war – es hatte etwas ganz tief in ihr berührt und ins Leben gerufen, das so rein und stark war, daß keine Macht der Welt es gefährden konnte.
Dann sah sie ihn. Er saß unweit der Statue des Engels im Gras und sprang lächelnd auf, als er sie entdeckte.
Für eine Weile, die eine Ewigkeit anzudauern schien, standen sie sich wortlos gegenüber und ließen ihre Blicke tiefer und tiefer ineinander sinken. Im Zauber dieser Zeitlosigkeit empfand Maika die überwältigende Freude und das leuchtende Glück, das sie sich von der wahren Liebe erhofft hatte – und wußte endgültig, daß sie den Mann gefunden hatte, nach dem ihre Seele auf der Suche gewesen war.
Als sie ihn zärtlich und hingebungsvoll umarmte, war es ihr, als habe sie ihr Leben lang auf diesen magischen Augenblick gewartet. Sie spürte, daß ihr Geliebter dasselbe empfand, denn sie konnte in sein Herz schauen wie in ihr eigenes. Ihre Lippen fanden sich zu einem innigen Kuß, der ihre Körper erschauern, ihre Herzen jubilieren und ihre Seelen vor Glückseligkeit erstrahlen ließ.
Als Maika bei Einbruch der Dunkelheit ins Haus ihres Vaters zurückkehrte, war ihr bewußt, daß sie nie mehr die Frau sein würde, die sie gewesen war. Sie war eine Liebende geworden.

Morgen würde sie den Jahrestag ihrer Geburt feiern, doch heute erlebte sie ein Fest, das ihr wesentlich mehr bedeutete – den Geburtstag einer Liebe, die ihr wie ein Wunder erschien.

Nachdem am späten Abend des nächsten Tages die letzten ihrer Geburtstagsgäste sich verabschiedet hatten und Maika ins Arbeitszimmer ihres Vaters ging, um ihm eine gute Nacht zu wünschen, bat er sie mit ernster Miene, sich zu setzen.

„Ich habe dir etwas zu sagen, Maika, und wollte damit bis zum Ende deiner Feier warten, um sie dir nicht zu verderben. Ich weiß, was gestern bei Sonnenuntergang im Park geschehen ist."

Maika erschrak. „Was weißt du?"

„Daß du dich mit einem jungen Mann getroffen und ihn innig umarmt und geküßt hast", sagte Kumo mit harter Stimme. „Ich bin traurig und enttäuscht, daß du es mir verheimlicht hast, und ich mache mir große Sorgen um dich. Dieser Mann ist arm wie eine Kirchenmaus, und es ist anzunehmen, daß er dein Vertrauen nur gewinnen will, um dich zu entführen und von mir ein hohes Lösegeld zu erpressen."

Maika errötete vor Empörung. „Wie kannst du nur so etwas sagen?"

„Zu deiner Sicherheit und zu meiner Beruhigung habe ich schon vor geraumer Zeit einen Leibwächter beauftragt, sich bei deinen Gängen durch die Stadt unauffällig in deiner Nähe zu halten, um dir zu Hilfe eilen zu können, wenn du sie benötigst."

Maika stand ruckartig auf. „Du läßt mich überwachen, Vater?“
„Die Welt ist schlecht, mein Kind, auch wenn du es noch nicht weißt. Der Mann, der sich in dein Herz eingeschlichen hat, ist eine große Gefahr für dich! Dein Leibwächter ist ihm bis zu seiner Wohnung gefolgt. Er lebt in einem Teil der Stadt, in dem die Frauen nach Einbruch der Dunkelheit kaum wagen, allein auf die Straße zu gehen. Du wirst ihn nie wieder sehen! Versprich mir das!“
„Das kann ich dir nicht versprechen – und will es auch nicht!“
„Dann verbiete ich dir, mein Haus zu verlassen!“
„Du willst mich einsperren?“
„Ja! Du läßt mir keine andere Wahl! Jeder liebende Vater würde so handeln. Du stehst bis auf weiteres unter Hausarrest!“
Maika sah ihrem Vater fassungslos in die Augen und erschrak über die Härte seines Blicks. In diesem Moment spürte sie, daß er ihre Liebe zu ihm für immer zerstört hatte. Um nicht vor seinen Augen in Tränen auszubrechen, wandte sie sich um und lief zur Tür.
„Verstehe mich doch! Ich will dich nicht verlieren“, rief er ihr nach.
„Du hast mich schon verloren“, flüsterte sie, eilte die Stufen zu ihrem Zimmer hoch und schloß sich ein.
Während sie der Traurigkeit freien Lauf ließ, die sie im Arbeitszimmer des Vaters zurückgehalten hatte, wurde ihr bewußt, daß ihr Geburtstag zugleich der Todestag ihres bisherigen Le-

bens war. Mit ihren Tränen nahm sie nicht nur Abschied von der Liebe zu ihrem Vater, sondern von ihrer Vergangenheit, die hinter ihrem Rücken wie eine morsche Holzbrücke in die Tiefe gestürzt war.
Ihre Zukunft gehörte einem Mann, dessen Namen sie nicht einmal kannte, aber dem sie vertrauensvoll bis ans Ende der Welt folgen würde – denn er war der Mensch, der ihre Seele wachgeküßt und ihrem Leben einen neuen, verheißungsvollen Sinn geschenkt hatte. Beim Abschied hatte sie ihm versprochen, am nächsten Tag bei Sonnenuntergang wieder zur Statue des Engels zu kommen, und sie war fest entschlossen, ihr Wort zu halten.
Die Redensart, daß man erst weiß, was man hatte, wenn man es verloren hat, war ihr bekannt. Nun erkannte sie, daß man erst weiß, was man suchte, wenn man es gefunden hatte.
Als eine halbe Stunde später an ihre Zimmertür geklopft wurde, gab Maika keine Antwort, weil sie glaubte, daß es ihr Vater sei. Doch dann hörte sie Losamas gedämpfte Stimme: „Maika, kann ich zu dir kommen?“
Nach kurzem Zögern öffnete sie die Tür und ließ die Frau hinein, die in den letzten Jahren liebevoll und unermüdlich versucht hatte, die Leere auszufüllen, die durch den Tod der Mutter in Maikas Leben entstanden war. Losamas oft selbstlose, unbeirrbare Liebe hatte ihr geholfen, den Schmerz über den Verlust zu ertragen und schließlich als einen Teil ihres Schicksals anzunehmen.

„Was ist geschehen?" fragte Losama, setzte sich zu Maika aufs Bett und legte die Hand behutsam auf ihre Schulter. „Dein Vater ist außer sich. Er geht in seinem Zimmer auf und ab wie ein Raubtier in einem Käfig und ist nicht ansprechbar."

„Er hat etwas in mir zerstört – unwiederbringlich", antwortete Maika. „Ich empfinde nichts mehr für ihn. Ich habe das Gefühl, nun auch noch meinen Vater verloren zu haben."

Losama warf ihr einen erschreckten Blick zu. „Hat es mit dem jungen Mann zu tun, der dir auf dem Marktplatz begegnet ist?"

„Ja. Ich habe ihn gestern wieder getroffen. Ich liebe ihn. Seit ich ihn umarmt habe, weiß ich, was wirkliche Liebe ist. Und mein Vater will sie zerstören. Doch ich werde es ihm nicht erlauben."

„Was hat er dir gesagt?"

„Er hat mich bespitzeln lassen und sieht in dem Mann, dem ich mein Herz geöffnet habe, einen Verbrecher, der mich entführen will. Er hat mir verboten, aus dem Haus zu gehen. Er sperrt mich ein, raubt mir meine Freiheit – im Namen väterlicher Liebe und Besorgnis!"

Losama erschrak. „Das hätte er nicht tun dürfen! Du bist kein Kind mehr."

„Aber er hat es getan! Es ist das Ende des Lebens, wie ich es kannte. Seit heute ist für mich nichts mehr so, wie es früher war."

Losama gab einen leisen Klagelaut von sich. „Versprich mir, daß du keine Dummheit begehen wirst!"

„Was ist eine Dummheit?"

„Eine unvernünftige Handlung."

„Ist denn die Vernunft immer die wichtigste Grundlage einer Entscheidung?"

„Nein, nicht immer", räumte Losama nach kurzem Nachdenken ein. „Manchmal ist es falsch, vernünftig zu sein. Manchmal muß das Herz entscheiden."

„Ich danke dir für deine Worte, Losama. Du hast etwas in dir, was mein Vater niemals hatte und niemals haben wird. Ich danke dir für alles, was du mir in all den Jahren gegeben hast!"

Losama wischte sich die Tränen von den Wangen und umarmte Maika. „Ich liebe dich, Maika, und ich werde immer für dich da sein, wenn du mich brauchst. Und jetzt versuche zu schlafen! Ich werde mit deinem Vater reden, sobald er sich wieder beruhigt hat. Vielleicht kann ich ihn dazu bewegen, seinen Fehler einzusehen."

„Du kennst ihn doch. Eher würde er auf einem Nagelbrett schlafen, als einen Fehler einzugestehen."

„Ja, ich kenne ihn. Und deshalb hoffe ich, daß er sein Herz nicht verloren hat – er hat es womöglich nur verschlossen und den Schlüssel an einem Ort versteckt, an den er sich nicht mehr erinnern kann. Vielleicht kann ich ihn finden."

„Ich fürchte, er hat den Schlüssel weggeworfen", erwiderte Maika.

Losama stand auf und seufzte. „Schlaf gut, mein Mädchen", sagte sie, strich ihr zärtlich über das Haar, und wurde sich, kaum

daß sie Maikas Zimmer verlassen hatte, der Hilflosigkeit ihrer Worte bewußt, denn Maika würde in dieser Nacht nicht gut schlafen.
Die Haushälterin hatte eine ungute Vorahnung, die sie aber mit der Hoffnung verdrängte, daß es ihr gelingen würde, Maika wieder mit ihrem Vater zu versöhnen.

Als Kumo am Abend des nächsten Tages aus seinem Geschäft in sein Haus zurückkehrte, fand er Losama weinend in der Küche vor.
Auf seine Frage, was geschehen sei, gab sie ihm statt einer Antwort einen Brief, auf dem sein Name stand. Kumo erkannte die Handschrift seiner Tochter, riß den Umschlag auf und las:
„Vater – Du hattest einmal eine Frau und eine Tochter. Beide hast Du verloren, auf unterschiedliche Weise, und ich fürchte, daß Du auch noch Deine Haushälterin verlieren wirst.
Was Dir bleiben wird, ist Dein Reichtum, der Dir schon immer mehr bedeutet hat als die Menschen, die Dich liebten. Vielleicht wirst Du eines Tages erkennen, daß Du ihm eine viel zu große Bedeutung zugemessen hast.
Ich verlasse Dich heute, weil Du das Wertvollste und Wunderbarste zerstören willst, das mir in meinem Leben begegnet ist. Ich weiß jetzt, daß Du mich nicht wirklich liebst, daß Du keinen Menschen aus ganzem Herzen lieben kannst – vielleicht nicht einmal Dich selbst.

Deine Angst davor, daß ich entführt werden könnte, erweist sich nun als begründet, wenn auch in anderer Weise, als Du Dir vorgestellt hast. Ich entführe mich selbst – in mein eigenes Leben. Nein – es ist die Hand des Schicksals, die mich entführt aus Deiner Obhut, die zu einem Gefängnis für mich geworden ist.
Falls Du nun wütend bist, lasse bitte Deinen Zorn nicht an Losama oder dem Leibwächter aus, dessen Beobachtung ich mich entzogen habe! Ich weiß, daß Du gern einen Sündenbock suchst, wenn das Leben Deinem Willen nicht gehorcht. Blicke in den Spiegel, und Du hast den Schuldigen gefunden!
Falls Du die Wahrheit nicht erträgst, gib die Schuld dem Schicksal, gegen dessen Macht Dein kleiner Wille nichts ausrichten kann – oder gib sie der Liebe, denn Liebe ist ein anderes Wort für Schicksal. Du hast mich vor die Wahl gestellt, mein Leben in Freiheit oder hinter den Gittern Deiner Fürsorge zu führen. Ich habe mich für die Freiheit entschieden. Lebwohl!"

Kleines Selbstportrait

Ich liebe die Liebe.
Ich habe die Freiheit
gesucht und gefunden,
meine Leidenschaften entdeckt
und gelernt, sie zu leben,
ohne unter ihnen zu leiden.
Ich schätze die Wahrheit
und brauche die Weisheit,
lasse mich von der Angst
nicht lange hinters Licht führen –
und umarme das Wunderbare,
ohne mich daran zu klammern.

Deine Sehnsucht

Deine Sehnsucht
sucht das,
wonach du dich
am meisten sehnst,
auch wenn du vielleicht
noch nicht weißt,
was es ist –

also folge ihr,
denn sie weiß,
wo du es findest.

Urlaub machen

Laß uns heute
ans Meer der Seele fahren
und dort am Strand
im Sonnenschein der Phantasie liegen.
Laß uns Urlaub machen,
den ganzen Tag lang,
laß unsre Welt vor Freude strahlen.

Kommst du mit, nur du und ich?
Mein Herz ist voller Geschenke für dich.

Menschen

Menschen können
so enttäuschend sein,
so verletzend,
so verständnislos.

Menschen können
so beglückend sein,
so einfühlsam,
so warmherzig.

Menschen können
in jeder Hinsicht
so überraschend sein,
daß man von ihnen
eigentlich immer
Unerwartetes erwarten muß.

Wie kommt das?

„Obwohl du die Liebe bist", sagte das Geld zur Liebe, „lieben die meisten Menschen mich mehr als dich. Denn ich erfülle ihnen ihre Wünsche, im Gegensatz zu dir."
„Aber du hast keine Seele", stellte die Liebe fest. „Du bist nur ein Ding, mit dem man andere Dinge kaufen kann. Doch die wertvollsten Geschenke des Lebens sind nicht käuflich. Wie ich es bin."
„Trotzdem", erwiderte das Geld gereizt, „lieben die meisten Menschen ein seelenloses Ding wie mich mehr als ein unberechenbares Gefühl wie dich. Wie kommt das?"
Da senkte die Liebe traurig den Kopf und sagte: „Weil du ihre Herzen verschlossen hast."

Bedingung

Eine Liebe
kann nur glücklich sein,
wenn die Liebenden
es auch verstehen,
sich zu verstehen.

Denn es sind
die Mißverständnisse,
die der Liebe
Stück für Stück
das Glück nehmen.

Suche mich schweigend

Bestürme mich nicht mit Worten.
Erzähle mir keine Geschichten.

Suche mich schweigend
in meinem Schweigen.

So finden wir
am leichtesten den Weg
in ein gemeinsames Gefühl.

Die Intelligenz der Seele

Intuition ist die Intelligenz der Seele.
Sie kann Entwicklungen vorausspüren
und jedem die besten Ratschläge geben,
der innerlich still genug sein kann,
um ihre leise Stimme zu hören.

Sie entzieht sich
den Gesetzen von Raum und Zeit
und schaut mit Leichtigkeit
hinter die Kulissen der Wirklichkeit,
wo das wahre Spiel stattfindet.

Und du verstehst ohne Verstand,
du siehst ohne Augen,
du wirst bewegt,
weil du ganz still bist.

Gegensätze miteinander vereinbaren

„Wenn ich vor die Wahl gestellt werde, mich für die Freiheit oder die Liebe zu entscheiden: Was soll ich tun?“ fragte ein junger Mann seinen Onkel, den er für den klügsten seiner Verwandten hielt.

„Das wählen, was dir wichtiger ist.“

„Beides ist mir gleich wichtig.“

„Dann mußt du beides zugleich wählen.“

„Und wenn es sich nicht miteinander vereinbaren läßt?“

„Dann mußt du lernen, es miteinander zu vereinbaren“, sagte der Onkel.

„Aber Feuer brennt nun mal nicht auf dem Wasser.“

„Wenn Öl auf der Wasseroberfläche schwimmt, dann brennt Feuer auf dem Wasser.“

„Das ist mir zu bildhaft.“

„Du hast dieses Bild ins Gespräch gebracht, nicht ich.“

„Gut, gut. Aber – was willst du mir damit sagen?“

„Daß nichts unmöglich ist. Daß sich sogar die größten Gegensätze miteinander vereinbaren lassen, wenn man es wirklich will und es richtig macht.“

Innere Stille

Im Grunde möchte ich
jetzt nur sitzen,
einfach dasitzen
und die Stille fühlen,
die ich sein kann,
die ich kenne und liebe.

Diese Stille,
die keinen Gedanken zuläßt
und keine Bewegung,
die nichts braucht
zu ihrem Glück
als sich selbst.

Meine Stille –
sie kommt und geht.
Ich kann sie nicht halten –
es sei denn,
ich liebte nur sie.

Zögere nicht

Wenn der Verstand
etwas für unklug hält,
das die Seele
als richtig empfindet,
zögere nicht,
der Seele zu folgen,
denn der Verstand leidet
unter naturbedingter Oberflächlichkeit,
während die Seele
gar nicht anders kann,
als in die Tiefe zu sehen.

Träume öffnen Räume

Träume öffnen Räume
in die Freiheit
langersehnter Gefühle.
Sie lenken unsere Schritte
auf den Weg zu
immer höheren Spielarten
der Freude am Leben.
Sie sind der
Glückskompaß des Herzens
auf der Wanderung
durch das Chaos der Welt.

Suche nach Heimat

Eine wohlhabende Frau, welche die Fünfzig schon überschritten hatte, wünschte sich so sehr, einen Ort auf der Welt zu finden, den sie aus ganzem Herzen lieben konnte. Den sie Heimat nennen konnte. Denn die Stadt, in der sie wohnte, gefiel ihr zwar, aber ihr Herz schlug nicht für sie.

Sie war in ihrem Leben viel gereist, hatte viele Orte gesehen und sich auch in manche verliebt. Doch wenn der Reiz des Neuen vergangen war, und das geschah immer schon nach wenigen Wochen oder Monaten, verwandelte die Verliebtheit sich nicht in Liebe, sondern in Gewohnheit.

Wie kann ich nur einen Ort finden, den ich wirklich liebe, wo ich mich zu Hause fühle, dachte sie oft – und wußte, daß sie eigentlich schon die Hoffnung aufgegeben hatte. Aber vielleicht war es ja auch richtig so. Vielleicht sollte es so sein, damit sie erkennen konnte, daß es auf der Welt keinen Ort gab, der ihr Heimat sein konnte.

Vielleicht, weil sie ihn an der falschen Stelle suchte?

Schlagartig wurde ihr bewußt, daß sie diesen Ort in der Welt ihrer Seele suchen mußte. Daß sie in ihrem Innersten den Platz finden mußte, der ihre wahre Heimat war. Und daß dann jedes Land, jede Stadt, jedes Dorf auf dieser Welt, zu dem sie reisen würde, ihre Heimat sein würde.

Weil sie sie in sich trug.

Die Künstlerin

Susanne Koheil fand nach einem Literaturstudium und der Arbeit als Musik- und Filmjournalistin ihre Berufung: die bildende Kunst. In ihrem Atelier am Münsteraner Hafen kann sie dennoch nicht ganz von den Büchern lassen und betätigt sich als freie Lektorin und Herausgeberin.

Der Autor

Hans Kruppa ist einer der meistgelesenen deutschen Dichter. Er lebt als freier Schriftsteller in Bremen. Seine Gedichte und Märchen, Erzählungen und Romane, Aphorismen und Kurzgeschichten hat er in mehr als hundert Büchern mit einer Gesamtauflage von über zwei Millionen veröffentlicht. Einige seiner Bücher wurden in andere Sprachen übersetzt. Für sein schriftstellerisches Werk wurde Hans Kruppa mit dem New Yorker Otto-Mainzer-Preis ausgezeichnet.

„Er gilt als Meister der Liebeslyrik, als Mann, der mit dem Herzen denkt, als Realist mit Mut zu seinen Gefühlen. Hans Kruppa spielt gekonnt auf der Klaviatur der Zwischentöne – und hat damit großen Erfolg." (Westfälische Nachrichten)

„Er vermittelt durch seine Arbeiten Hoffnung, Lebensbewältigung, Kraft. Und das macht ihn so wichtig. Was er zu sagen hat, regt zu tiefem und positiv endendem Nachdenken an." (Passauer Neue Presse)

„Der Lyriker probiert auch ‚Schönwetterworte', und mit ihnen stellt sich Phantasie ein, Leichtigkeit." (Die Zeit)

„Der Leser begleitet Hans Kruppa gern im Höhenflug oder auch Tiefgang der Stimmungen und Gefühle. Bisweilen entdeckt er dabei sich selbst." (Braunschweiger Zeitung)

„Wer Hans Kruppa zuhört, dem können sich selbst die tristesten Stunden in eine gute Zeit verwandeln." (Deutsche Tagespost, Würzburg)

Mehr Informationen: www.hans-kruppa.de